编 委 会

宁夏制造

NINGXIA ZHIZAO

宁夏人文地理新探丛书

银川市新闻传媒集团 编

黄河出版传媒集团
宁夏人民出版社

图书在版编目(CIP)数据

宁夏制造 / 银川市新闻传媒集团编. —银川：宁夏人民出版社，2018.5

(宁夏人文地理新探丛书)

ISBN 978-7-227-06906-5

Ⅰ. ①宁… Ⅱ. ①银… Ⅲ. ①区域经济发展—概况—宁夏 Ⅳ.①F127.43

中国版本图书馆CIP数据核字(2018)第112887号

宁夏人文地理新探丛书

宁夏制造　　银川市新闻传媒集团 编

责任编辑 赵学佳
责任校对 丁丽萍
封面设计 张　宁
责任印制 肖　艳

黄河出版传媒集团
宁夏人民出版社　出版发行

地　　址　宁夏银川市北京东路139号出版大厦(750001)
网　　址　http://www.yrpubm.com
网上书店　http://www.hh-book.com
电子信箱　nxrmcbs@126.com
邮购电话　0951-5052104　5052106
经　　销　全国新华书店
印刷装订　宁夏银报智能印刷科技有限公司
印刷委托书号（宁）0009923

开本　880 mm × 1230 mm　1/32
印张　6.5　　字数　130千字
版次　2018年7月第1版
印次　2018年7月第1次印刷
书号　ISBN 978-7-227-06906-5
定价　36.00元

总 序

每一片土地都有属于它的性格和气质，从而成为有别于他处、可称为魅力的所在。这种魅力的形成，会有很多的来源和累积。人文地理，便是其中至关重要的一个方面。

宁夏地处祖国西北内陆，有着独特的地理历史渊源，从古至今的地理留存和人文资源极为丰富，诸如黄河、草原、大漠、山脉、平原、长城等，皆成为这片土地形成其独特气质的厚重载体。

《宁夏人文地理新探丛书》包括《文化地图》《银川城记》《宁夏制造》《寻味宁夏》《讲述》五册，是一套书写本土人文地理的文章合集，内容触及面广，细致而深入。既有对久远文明履痕的探索，也有对今时人们日常生活的文化心理和习惯的展现；既有对多种类文化遗产的客观报道，又有对当下文化现象的深入思考。

从宁夏流行音乐30年掠影，到那些年我们造过的拖拉机，从宁夏航运1500年到宁夏航空80年，从石嘴山瓷器到300年宁夏小曲人与事……《宁夏制造》一书中一处处珍贵的文明印痕，诉说着宁夏独有的人文内涵和精神气质。

一座城，就像一本生动的书。在《银川城记》里，我们聊起这座城市的往昔。矗立于闹市中的鼓楼，见证着银川久远丰富的历史；亲切熟悉的西门桥，讲述着这座城市的古今变迁；还有一条条亲切的老街巷，雕刻着老银川的时光岁月。

《文化地图》一书的脚步，带你细细踏勘我们生活着的这片土地。南长滩，梨花深处的动人故事；仁存渡，活跃于宁夏平原的千年古渡；中卫莫家楼，渡口故事里的珍贵记忆；丝绸之路在固原，水洞沟百年发现之旅……古往今来，各种人文地理故事在宁夏这片土地上激荡交融，留下了独特又令人赞叹的文化步履。

看罢过往，还有当下。一座城市的灵动，是由生活在这座城市的人所亲手谱写的。在《讲述》一书中，从一个护工的内心世界，到一名女狱警的经历自述；从90后入殓师，到人体模特，还有急诊科里的"南丁格尔"……一个个普通人物的人生故事，让这座城市变得不平凡。

此外，还有同样亲切的美食故事，但又不止是美食。在《寻味宁夏》一书里，你将看到名声在外的盐池羊肉，宁夏第一味——辣，来自蒿草尖上的美味蒿子面，贺兰山的馈赠

——紫蘑菇，乡间美味黄米糕，朴实无华的生汆面……一道道带着宁夏独特味道的美食，见证着这里的风土人情、民俗民风，使人们有滋有味地认识了这一方身处大西北个性十足的土地。

《宁夏人文地理新探丛书》所有的文字，来源于《银川晚报》每周一期的《文化周刊》。这份周刊自2003年创刊以来，一直专注于宁夏境内人文地理领域的挖掘和探索，使本土文化得以发扬。我们认为作为一家媒体，不仅要对当下的社会行进、经济发展、生存状态有所担当，还要对人文历史有所承载，对开拓未来有所承诺。

这套丛书虽然是系列报道的合集，但仍然较为深入和系统地触及到了宁夏人文地理的各个角落，尤其是中华人民共和国成立以及宁夏回族自治区成立60年来，这片土地上的人文变迁、生活变化，既有客观性和历史性，又有对当下文化和生活的记录与思考。其中，对大量亟需留存的人文历史记忆的采写，对民间文化和非物质文化遗产的记录，对行进中的城市生活和人们生存状态的书写，无疑为后人留下了宝贵的第一手资料，也为本土文化和传统文化的承续和保护，留下了一份翔实的人文记录。

一方水土，自有它的文化与气质。宁夏的文化气质是什么，有几多？希望这套丛书能带给你一些新知与思考。对于本土人文地理的深入挖掘和探究，我们也将一如继往地进行下去，将宁夏的文化与传承更好地记录下来。

留一份记忆，写一份生活，为了我们生息的这片土地。

2018.5.17

目 录

一曲黄河水运长歌——宁夏航运1500年

天下黄河富宁夏，黄河和宁夏的关系不少人会以为仅限于农田灌溉，其实不然，流经宁夏的黄河还孕育了1500年的黄河水运史。宁夏不仅开创了黄河水运的先河，而且还在之后的时代更迭中，上演过一幕幕壮阔的黄河水运历史。

20世纪五六十年代，宁夏最大的木帆船

（一）

北魏：中卫香山一冬造船200艘
黄河水运——从宁夏开始

在刁雍之前，历史上并没有黄河长途运输的任何记载。

刁雍是北魏时期薄骨律镇（今宁夏吴忠市利通区古城湾）镇将。家门变故让刁雍一生历经劫难无数，因而深知百姓疾苦。他上任后不久，便组织百姓修复了淤塞多年的灌溉古渠，次年河西各地粮食便大丰收，以至于仓库都无处盛放，只好"平地积谷"。

粮食多了，不愁没用处。当时北魏与北方少数民族柔然经常兵戎相见，军粮供应十分紧张。于是朝廷下令，命刁雍用3年时间将50万石军粮运至战场，以供军需。谁知刁雍在对比了水运和陆运的优劣后，奏表"造船运谷，一冬即成"。获准后，刁雍调来大批南方造船匠，同年便在中卫香山黄河边一冬造船200艘，每艘载重达26吨。次年，这些船仅用半年时间，顺流而下400公里黄河航程，便将50万石军粮运达目的地沃野镇。至此，刁雍创造了黄河上游大规模水运的先河。

唐初：灵武、吴忠"舟师"防突厥
宁夏到山西，2500多里运军粮

有了刁雍开创的水运先河，木船运输粮草渐渐被黄河两岸的百姓所依赖。到了唐初，烽火连天，为防突厥南攻中原，黄河

还兼具了长城一般的防御作用。唐高祖命大臣于筠在灵武、吴忠黄河一带组建“舟师”，驻扎7万多士兵、4万多马匹。

由于连年战乱，农业遭到破坏，粮食不能自给，宁夏只能从山西沿黄河逆流而上2500多里运送军粮。逆流而上的船需要减载三分之二，载重26吨的船最多只能载9吨，而且全程都得靠纤夫拉纤。不管黄河是在荆棘丛林、悬崖峭壁，还是沼泽河滩、苇草泥潭，纤夫都得赤脚拉行，不知多少人因此丢了性命。所以，在《新唐书·食货志》里才有“逆河舟溺甚众”的记载。

西夏：夹着浑脱渡黄河 羊皮筏子传入四川、云南

西夏年间有关黄河水运的记载较少，仅从中国最古老的军事志宋代的《武经总要》里见到了一幅士兵夹着浑脱渡黄河的图。浑脱即羊皮吹制的皮囊，可装水、奶，后演变为泅渡的工具。

《武经总要》里士兵用浑脱渡黄河的图

浑脱的普遍使用，首先就是从西夏开始的。黄河流经西夏全境，流程近2000公里，其中，中卫以上近1300公里水域水流湍急，礁石密布，有险滩无数，很多地方没有渡船，浑脱便成为最理想的渡具。上岸后，浑脱还能放掉气盛上水。后来，这种实用性极强的袋囊传入中原，并

传入军队。后来，浑脱又随忽必烈南征大理（现云南）传入四川、云南一带。

元代：开通以银川为中心的河套丝路
马可·波罗乘船饱览塞北江南

元代之前，西方对中国的了解，零星半点。让西方系统了解中国的，便是威尼斯人马可·波罗。他到中国时，也经过了宁夏。他在《马可·波罗行记》里记载，人马劳顿的他途中经过中卫黄河水驿，驿站里不仅管吃管住，对外国人还有酒肉等特殊供应。此外，还不用忍受车马颠簸，顺风顺水，沿河饱览塞北风光。中卫到银川的400里水路，马可·波罗用了3天便抵达，算是他颠沛流离行走中国两年间最温暖舒心的一段记忆。

没错，元朝对宁夏黄河水运最大的影响就是水驿的设置。史料记载，元朝从陕西到中卫的黄河段设有10个水驿，配有66条驿船、水手240人。黄河水驿的开通，形成了以银川为中心的河套丝路，使元大都至西域的行程大大缩短。而船上运送的物资，也悄然有了变化，不仅仅是军马粮草，还有丝绸、盐、药材等物。

清代：宁夏水运再次复苏
康熙亲征，船队浩浩荡荡过横城

1697年，康熙第三次远征噶尔丹，亲自到宁夏坐镇指挥。兵马未动，粮草先行。10万大军所需粮草主要从宁夏装船，顺流运送至白塔（今内蒙古包头市）交付出征部队。

20世纪30年代,行驶在黄河宁夏段的大型皮筏

军粮上路后,康熙及其随行诸王子、大臣、侍从于银川横城登船北上,约期到白塔为出征将士送行。当时,供"御驾"的船只多达101艘,其中有3艘楼船专为康熙及其近臣使用。楼船就是双层船。想想看,当年的黄河上浩浩荡荡行驶着这样一条船队,那是何等的壮观。

康熙顺河北上,还在沿河两岸开通了不少贸易市口,从而使宁夏黄河水运业从明代的衰败中恢复过来。

近代:十大洋行齐聚宁夏石嘴山 舟楫如林,"羊皮筏子当军舰"

到光绪年间,因为宁夏得天独厚的水运条件,英美纺织商人干脆将10家贸易商行开到了水旱码头石嘴山,以便从水路运送从内蒙古、甘肃、青海收购来的皮毛。收购的皮毛集中在石嘴山的码头,整理、晾晒、打包,最后装上船筏,运送至包头上岸,然后才以陆运方式运至天津港口。

大规模的皮毛运输刺激了宁夏的水运。曾有人在书中这样描述过清末的宁夏黄河，“舟楫如林，船筏如梭”，一片繁忙景象。尤其是动辄装载数十吨皮毛的大型牛、羊皮筏，可谓黄河水中的“巨无霸”，由此还引出了宁夏的一句民谚：羊皮筏子当军舰。

（二）

1500年波澜壮阔的宁夏黄河航运史，直到新中国成立后还鼓舞着宁夏人：重振宁夏黄河水运。

在这样的时代背景下，1960年，19岁的鲁人勇从交通部重庆航运专科学校轮机专业毕业后，“如愿以偿，专业对口”（鲁人勇语）地被分配到了石嘴山造船厂当技术员。然而，就像没有人能阻挡黄河奔涌一般，鲁人勇等一批优秀的轮船技术人员的到来也没能阻挡逐渐走向衰落的宁夏黄河航运。

宁夏的第一艘拖轮——“宁光”号
170公里航程走了两个月

每每想起1960年前往石嘴山报到，以及同行给他讲述的“宁光”号的故事，鲁人勇还是会觉得好笑。

“宁光”号是艘蒸汽机拖轮，原为1957年宁夏省黄河中游航运管理局在包头由哈尔滨造船厂建造的名为“包头”号的一艘拖轮，计划在1958年春黄河开凌时在包头和永宁仁存渡口间进行试航。后黄河中游航运管理局撤销，“包头”号被分给宁夏，历经两个月时间的艰难航行，船才抵达石嘴山，改名为“宁光”

20世纪80年代，中宁石空渡口的羊皮筏

号，这也是宁夏历史上第一艘真正意义上的机轮船。

那个时候的宁夏人，哪里见过如此庞大结实的轮船，自然对它寄予厚望。1959年，带着无数人的期待，“宁光”号从石嘴山出发，然而到吴忠市的170公里航程，它居然走了整整两个多月，速度被人嘲笑不及浑脱。

这还不算，在吴忠，“宁光”号所有的光芒都被“拍”在河滩上——它彻底搁浅在了石坎上，多次救援都没能挪移。不能用的船不要，想打回原籍又考虑到拆装运输问题，“宁光”号于是被建议“原地封存”。直到“文化大革命”时期，“宁光”号才被拆解，船体卖给乌海航运公司改装为柴油机渡轮，至今仍在使用。

石嘴山船舶修造厂造了两艘机帆船
螺旋桨卷着芦草跑

5年宁夏黄河要通500吨~1000吨级轮船，要建轮船制造厂，一年就要建造两艘130吨大条船，120马力的机帆船……这些不切实际的想象是“大跃进”年代的写照。1958年12月，宁夏第一家也是至今唯一一家的石嘴山船舶修造厂投产，建设规模全部来自于这些不切实际的想象。

但鲁人勇等一批轮船专业学员并不知道这些，他们带着饱满的热情，在1960年8月来到了石嘴山渡口以北黄河岸边的船厂。厂部北墙紧邻石嘴山监狱，西面是荒滩，有通往电厂的沙砾路穿过。

没船的造船厂造船才名正言顺。随即，鲁人勇和来自四面八方的技术骨干投入到了造船中。造船不难，不到两个月时间，由鲁人勇主安装的两艘载重均为27吨的机帆船下水试航。就地试航，各项性能完好。接着，便用其中一艘逆水长途试航。谁知，行驶加起来不到20公里的航程，就数次搁浅。原来是黄河水道布满芦苇根，船一开动，芦苇根就被卷进螺旋桨里。被缠满芦苇根的螺旋桨，像是秃了头的扫把，自然不能助船航行。

不管能不能用，船还要造，是那个时代的特点。到了1961年，连国营船队的原有船只都停运，新造的船自然无人问津。同年6月，石嘴山船舶修造厂撤销。而鲁人勇的工作也不得不从水运转为陆运。自此，他被调到了自治区汽车运输公司。

20世纪60年代，宁夏水运退出历史舞台 黄河航道只剩200公里

如今，在宁夏渡黄河过桥即可，行走于桥上，完全无过河之感。前几年，部分地区的老渡口还可以见到用渡船运输人车的情况，这两年随着公路桥梁运输的发展，渡船也逐渐淡出人们的视线。在今天的黄河宁夏段上，水运的概念已不复存在。偶

尔滑过的几艘船舶、皮筏大多只为博游客一乐。

如今,羊皮筏成了许多景区的特色旅游项目

虽然在之后,鲁人勇也对宁夏的陆路交通做出了巨大的贡献,但是对宁夏黄河水运缘何消失的思考却从未停止。有不少专家认为是因包兰铁路的通车、公路交通的兴起,转移了大部分水上运输的客源和货源。但鲁人勇认为这些都还不至于让绵延宁夏黄河1500年的水运史中断,其最致命的是,黄河航道的断绝。新中国成立后,在铁路未通、没有汽车或汽车极少的年代,黄河上穿梭的船只几乎承担了宁夏出境物资总量的70%,但到了1960年,黄河上游包括青铜峡水利枢纽工程在内的两座水利枢纽工程建成,在设计中“并未预留船闸位置”(鲁人勇语)。

如此一来,宁夏黄河航道只剩下青铜峡到石嘴山这不到200公里的航程。水运利在长途,短途两端还要汽车转运,与其如此,不如汽车一运到底。

航道没了,要船有什么用?至彼时,兴盛达1500年的宁夏航运最终衰亡,彻底退出历史舞台。

乔建萍/文

宁夏足球往事

世界杯的热潮，杞动力不错的战绩。2014年夏天，足球在宁夏人的生活中，是一个颇具热度的词汇。

放眼过往，宁夏一度被人戏称为“足球运动沙漠”，但细加追述，宁夏足球其实也有过属于自己的风光与繁盛。源于对这项运动发自心底的热爱，几代宁夏足球人在坚持与付出中，也演绎出了自己的足球风云。

从有明确记载的1923年算起，宁夏足球发展至今已走过90多个年头。这90多年来，宁夏足球经历了传入、积淀、繁盛、沉寂、求索……涌现过如马庆喜、吕康、郎效农、张少龙、刘学如、赵琛慧等一批批优秀的宁夏足球人，也曾夺得“民族团结杯”冠军，杀进过全国16强……

发端：从踢毛蛋到西北冠军

银川，永康巷，平整的水泥路上人来车往，两旁密集分布着商店、饭馆、居民区，一派市井热闹模样……时光回溯80余年前，这里尚是一片“荒野”。民国年间，吉鸿昌出任宁夏省主席，将此辟为练兵之所，时称“东教场”。

1929年，就在这片场地之上，召开“宁夏军民联欢游艺大会和武术比赛大会”，运动会上，足球作为表演项目被列入。这次联欢游艺大会后来被称为宁夏第一次近代体育运动会，也是足球运动首次在宁夏官办运动会中亮相。

更早的发端。据《当代宁夏的体育》一书记载，在现代足球传入之前，宁夏民间有踢毛蛋的活动，即以棉花或羊毛做芯，用毛线缠成圆形，在打粮食的场上或庭院里，以踢、盘、削、抗、蹲、跳等规定动作，分队进行游戏。依此描述，这应该相当于一种具备足球“雏形”的民间活动。

更明确的记载。1923年，外省籍毕业生受聘到甘肃第五中学（后为宁夏中学）和第八师范学校（后为宁夏师范）任教，将现代足球带入宁夏，并在学校兴起开展（《宁夏体育志》）。而在1929年吉鸿昌发起的联欢游艺大会之后，宁夏足球算是正式进入运动会项目，并逐渐传播民间。1943年，在银川举行的第一届西北运动会上，足球首次被列入比赛项目，宁夏队获得冠军。这也是在那个年代，有确切记载的宁夏足球的最佳战绩。

积累：蓄力待发的“业余”时段

1958年年底，宁夏银川，一场以交流为目的友谊赛，双方一支是当地长期训练、颇具“专业素质”的有名球队，另一支则是由临时“拼凑”的一些职工球员组成。因为水平差距确实比较明显，开赛时间不长，“专业”的一方已有人生出“轻视”的心态，

"傲气"的守门员甚至撇下球门，冲到了禁区最前沿。这时，只见职工球队中一位中等身材的队员，在中场几下盘带，晃过几名球员，拿眼瞥了一下前方，拔脚便是一个怒射。那日也碰巧是个风天，只见球借风势，从中场起飞，划过一道长长的弧线，准确地飞入远方的球门……

那位守门员登时愣在了原地，半晌回不过神来，而场边围看的观众也突然一下子鸦雀无声，片刻之后，一阵猛烈地叫好声响起。然后是夹杂的小声议论："这是谁啊？国家队的？"……

踢进这个球的人名叫马庆喜，1933年生人。上面说的这段故事距今已50多年。

新中国成立后，宁夏足球运动进一步普及。1951年，宁夏派队参加了西北大区足球赛。1958年，曾接受过匈牙利世界著名教练萨帕·帕尔调教的马庆喜，由内蒙古调入宁夏体委。作为当时宁夏公认的足球意识和技术都是最好的球员，马庆喜以及于焕如、暴仲元、杨全义等人，成为这一时期宁夏足球的代表人物。

须得承认，与外地省份相比，这一时期的宁夏足球仍然差距明显。这是一个业余化的时段，需要比赛时才会临时召集人员，短暂地集训后便开赴赛场。然而，同样不能忽视的是，这也是一个蓄力待发的阶段。

繁盛:1983年,跻身全国16强

1983年,第五届全运会杭州赛区,河北足球队休息室里气氛凝重。

此届全运会共分四个赛区,"传统强队"河北队被分在杭州赛区,同在这一区的强手还有辽宁队、天津队,以及"弱旅"宁夏队。赛事紧锣密鼓地进行,出乎意料,甚至连宁夏队队员自己都没有想到的是,他们"猛一抬头",已经冲到了决赛的边缘。接下来的一场比赛,只要他们拿下河北队,即可入主12强,挺进全国决赛……

那必定是一个宁夏足球振奋人心的时刻,否则吕康不会一聊到这个话题,语气立刻显得有些激动。这位与足球"打了一辈子交道"的宁夏体育人,当年正是球队中的一员,司职前卫。

1958年,8岁的吕康随支宁的父母由陕西来到银川,从小就着迷足球的他,14岁时入选宁夏少年队。1971年,包括张少龙、肖传录、李忠亮等人在内的宁夏少年队,在西宁参加了全国少年足球分区赛,获得亚军,取得了宁夏参加少年比赛的最好成绩。

距此一年之后,宁夏足球迎来了一个可以载入本土足球史册的节点。这年10月,宁夏足球历史上第一支专业队成立。教练冯一民,运动员吕康、董赛平、郎

1980年,宁夏足球队在全国乙级联赛中

效农、张新、张少龙等22人。

这是一支可以用“稚气未褪”来形容的队伍，这从吕康提供的张组队时的照片中可以看出。全队平均年龄18岁，其主要班底正是1971年在西宁夺得少年赛亚军的那批队员。宁夏足球多年来的积累、梯队建设，由这一节点出发，一步步向他们的“巅峰”靠近。

1971年的宁夏少年队

1983年2月，第一届“全国少数民族团结杯”，宁夏足球队夺得冠军。而这一年3月的第五届全运会上，吕康也是后来才得知，为了确保PK掉宁夏这只“黑马”，河北队在准备这场比赛时，专门开了一个通宵的战术讨论会。16进12的决赛场上，与老牌强队较量，宁夏队大赛经验不足，以及争胜心态的微妙变化，使他们最终落败，止步16强。然而，即使如此，这支队伍已经创造了宁夏足球的历史。

沉寂：从“巅峰”到“落寞”

67岁的吕康走起路来步幅还是很大，上身的运动衫衣领习惯性地竖着，运动鞋、运动裤是他平日里“一成不变”的穿着。中山公园的长廊里，年过八旬的马庆喜以不得不慢悠悠的节奏,“可爱”地比划着足球过人动作。与宁夏这些老一辈的足球人聊天,是一件有趣的事情。时光远走,但足球留在他们生命里的痕迹却从未消失。

以1983年冲进全国16强为标志,宁夏足球的繁盛期持续了十余年。“自治区有50多人的专业队,下面有第二梯队,还有自治区少年足球队。自治区队聚集了最高水平的运动员,梯队为区队输送足球人才。同时,职工联赛、中学生‘三好杯’足球联赛每年都开展得红红火火……”吕康说。

令人“眼前一亮”的还有:1985年,银川市和石嘴山市的一些中学里开展起了女子足球运动。同年4月,宁夏足球女队组建并参加了在重庆举办的全国女足锦标赛。这是宁夏第一支参加全国比赛的女子足球队。

1972年,宁夏第一支专业足球队成立时的合影

而与之形成鲜明对比的是，这种繁盛自1987年之后，开始转入“落寞”，一持续便是20多个年头。

马庆喜至今还记得，会场上他与管事的领导激烈争论；而吕康的印象是，因为“文凭不够”等原因，他和数位经验丰富的队员离开了当时的宁夏足球队，转而进修学习。

时光远去，历史的细节变得粗糙，但有一点毋庸置疑的是，受当时奥运战略的影响，并非“夺金点”的三大球项目开始调整。于是自20世纪80年代中期起，宁夏足球走入下坡路。1987年，由包括吕康在内的临时征召的部分退役老队员和在队的年轻队员组成的宁夏队，参加了全国第七届运动会沈阳赛区预赛，6战皆负。之后，宁夏足球队解散。直至2009年第十一届全运会，宁夏均未组队参加。

连锁效应随即显现，专业队的消失让宁夏足球受到巨大影响，梯队建设萧条，业余足球一度沉寂。20世纪90年代初，足球职业化浪潮兴起，但彼时已处于中国足球最底层的宁夏足球，似乎已是有心无力，长时间内只能成为“看客”。

民间足球：宁夏足球的热忱底色

或许，用“沉寂”来形容这一时段的宁夏足球还不能算得上完全准确。至少，在这一时段，以民间足球和其中两次短暂的职业化尝试为代表的宁夏足球，仍然称得上是亮色一抹。它们就像一道平缓河流中不时跃起的浪花，助推着宁夏足球继续前行。

2014年6月16日，银川光明广场一旁的七人制足球场。一场名为“模拟世界杯”的业余足球赛事正在此举行。看台上52岁的马女士大概是当日场边年纪最大的一名女球迷。她蛮有兴致地观看着眼前的比赛，场上，司职后卫的儿子是她目光中当仁不让的焦点。

这正在进行的“模拟世界杯”，便是宁夏民间诸多业余足球比赛中的一个。

从2003年起，宁夏的民间足球出现过一系列由“隆湖”集团参与和支持的业余足球比赛，延续和推动着宁夏民间足球的开展。也正是在此类“铺垫”之下，近年来宁夏民间足球更呈现出一种活跃的态势。

以银川市为例，自2007年起，银川市业余足球联赛开始举办，为宁夏足球注入着新鲜与活力。而2014年，一则让人眼亮的消息是：这一年的5月24日至28日，灵武市选拔8岁组和14岁组学生赴北京参加国际学校足球邀请赛。最终，青少年足球队在40支队伍中脱颖而出，获14岁组第四名和8岁组亚军。消息中，不乏这样的亮眼数据，自2008年灵武二中组建第一支校园足球队，至2014年，灵武市中小学共有45支足球队，常年参加足球训练的学生有1000余人，2014年校园足球注册学生达790人……

据不完全统计，截至2014年，银川有业余球队300多支，直接参与踢球的在万人左右。而在宁夏的其他地市，也不乏搞得红红火火的业余联赛。它们一同为宁夏足球勾画出一幅“多处开花”的景状。

足球职业化:从“昙花一现”到重新出发

从1994年起,中国足球体制开始改革,足球被推向了市场。面对处于低谷的宁夏足球,宁夏人也做出了自己的尝试与探索。

2000年前后,在很短的时间内,两支职业足球队在宁夏几乎同时诞生,它们是育才足球俱乐部和圣雪绒足球俱乐部。这也是自1987年宁夏足球专业队解散后,宁夏第一次有了职业足球。当时,《人民日报》评论称:“这标志着宁夏足球事业的新开端。”

但其后的事实遗憾地证明,这不过是宁夏足球职业化尝试的一次“昙花一现”。两支球队在成立后即开始征战全国乙级联赛,但因实力原因,在第一阶段的比赛中便没有出线。在战绩不佳,资金周转不畅,管理经验欠缺等一系列因素作用之下,一年后,两支球队便匆匆解散。

2013年年底,一家名为“宁夏杞动力足球队”的职业球队在银川成立,宁夏又出现了目前唯一的一支职业足球队。至2014年6月初中乙联赛上半程结束,这支足球队以6胜1负的战绩位居北区半程榜首。再次拥有了职业队的宁夏足球,又给人们带来了久违的希望与期许。

李振文/文

宁夏服装史话

一座城市内在的肌理，往往隐藏在不易察觉的角落。以服装业为例，在如今服饰品牌繁多、服装生产开放多元的背景之下，宁夏在服装业上的作为大概不会有多少人留意。然而作为本地工业的一部分，宁夏服装业也有着丰富的过往，以及仍在行进中的足印。它们，同样为这片土地写下了一个个生动的故事。2014年6月，我们对此进行了采访。

在银川鼓楼北街与民生巷之间，有一条南北向的小巷。走进其中，中途可见一旁有一简陋的小铁门。由门入，穿过幽暗的门洞，是条更狭小的过道，宽不过1米，被两侧楼房挤得喘不过气来……

过道是一幢老式居民楼与外界的唯一通道，居民楼已被四周的建筑物包围，破旧、幽暗，楼上也无任何标志，只是在刚才进入的铁门旁有方小小的门牌——“山河湾前巷14号”。

杨继瀛，81岁，就住在这幢楼附近的民生小区，关于这幢老式居民楼，杨继瀛还记得它的名字——红旗楼。

20世纪50年代
“红旗人”一路“咣当”到银川

民国时期，宁夏只有一家官办小型军用服装厂，其余都是一家一户的个体手工业者，服装工业无从谈起。1952年起，宁夏各地先后将个体裁缝组织起来，成立服装生产合作社，但也只主要承担零活加工。真正的改变发生在1958年。

这一年，随着宁夏回族自治区的成立，发展工业的步子加快，除由北京、上海等地调来具有较高技艺的服装工充实到各县市服装厂外，宁夏还以极具时代特色的方式，建起了一家宁夏规模最大的国营服装厂——红旗服装厂。

杨继瀛就是这一年来到银川的。他还记得那是一个初秋，他跟从南京整体搬迁过来的一个服装车间共100多名职工，如“空降”般在银川组建起一个全新的服装工厂。

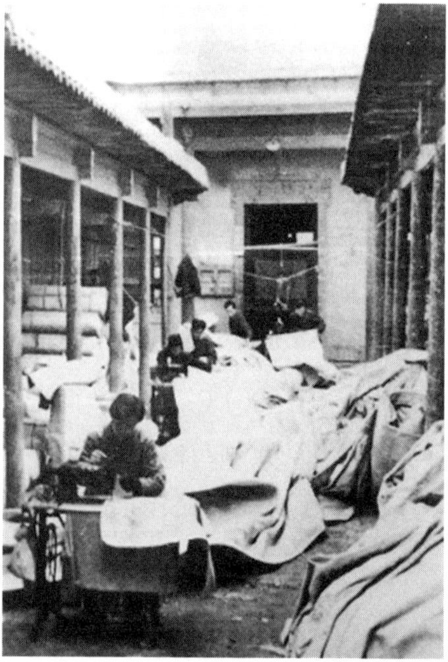

1958年的红旗服装厂

当然不是真的空降，而是“咣当咣当”的慢火车，先从北京到包头，再转刚刚开通的包兰铁路，一路“咣当”到了银川城。今天资料中这样记载：1958年，红旗服装厂有职工150人，几十台脚踏缝纫机，以批量生产各式男女服装为主。

1958年的银川城，在杨继瀛新奇的眼里，不是事先听人说的“湖里鱼抓一抓就可以吃，牛奶像白开水一样随便喝”，但他觉得“还不错”，“来了就要安心干”。从一开始的洗染工，到后来的车间主任，再到副厂长……杨继瀛是如今仅存的几位建厂时就在的“老红旗人”。他们住在解放街到山河湾巷的一片区域，当时这里有他们的工厂、宿舍区，当然也包括那幢陈旧的红旗楼。

20世纪70年代
在北京遇上宁夏的“俊秀”

杨继瀛回忆中提到的“整体搬迁”的车间，原属南京鼓楼服装厂，最早它是山东的一个军工被服厂，厂里有近三分之一的人曾参加过抗日战争和解放战争。据说，1955年人民解放军授衔时，他们还承做过一批将校礼服，做过解放军总政文工团出国时的演出服装，可见技术水平之高。事实上，他们的到来也确实让宁夏服装的工厂化生产得到了前所未有的提高。

李静，83岁，她与杨继瀛是楼上楼下的邻居，也是最早从南京过来的那批工人之一，专攻烫熨包装。“一件不管多不规则的衣服，放她手里三两下就叠得像刚从包装盒里拿出来一样。”（她女儿语）当然，现在不行了，年纪大了……

一个有趣的小故事。1972年左右，李静去北京一家衬衣厂参加培训。学习的空当，她跟宁夏工友在街上闲逛，看到一家服装店面前排着长长的队，李静跟几个伙伴想着，来趟大城市不容易，也买件时髦衣服吧。于是，跟着排。好不容易熬到了最前面，拿起衣服端详，怎么那么熟悉？再细看，脖领上的商标赫然印着——“俊秀”牌。

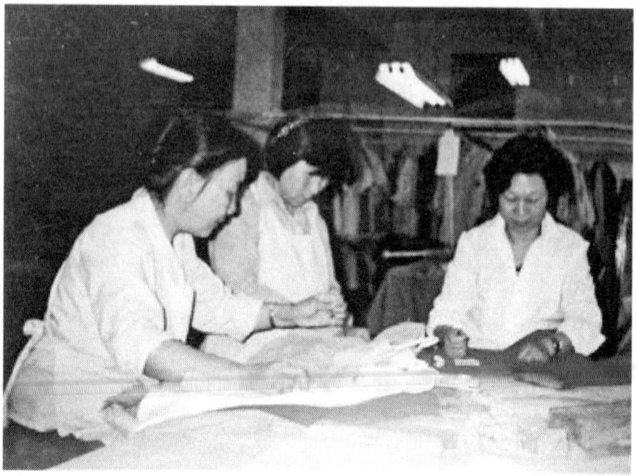

李静(左一)在红旗服装厂工作时的情景

当年，衬衫是红旗服装厂的主打产品之一，男式衬衣叫“春柳”，女式的叫“俊秀”。不仅在宁夏，放在全国都是中上档次。还有后来生产的呢子大衣，挺阔大气。那年头，哪个银川人能添置件“红旗牌”呢子大衣，也算是件倍儿有面子的事。

20世纪90年代
为结婚去银川买“汇川”

现住银川丽子园小区的刘新林，还记得1998年结婚时的情景。当时26岁的他还在固原上班，为了置办结婚用品，他和未婚妻还搭车跑了趟银川。在新华街专门买了套西服，牌子叫“汇川”。“那会刚工作没攒下钱，买件好点的衣服感觉郑重得很!”

转折大致发生在20世纪90年代中期。由于服装业买方市场逐渐形成,地域间商品流通更为广阔与便捷,宁夏产服装的市场份额逐渐萎缩,企业开始面临严峻考验。

1993年前后,在杨继瀛的印象里,红旗服装厂的境况已经“不那么景气”。这一时期,他们主要为外贸出口企业加工产品。1997年后,“因外贸企业体制改革,服装厂长期依赖于此,一旦失去产品和市场,亏损严重……”(《宁夏通史·工业卷》)1998年,资不抵债的红旗服装厂实施改制,之后,渐渐淡出人们的视野。

也是在这一时期,1993年,一家名为银海纺织服装公司的企业成立,并于三年后更名——即今日许多银川人仍熟知的“汇川”服装。在这一宁夏服装业颇显“落寞”的时段,这大概是唯一的亮色。

与“红旗”的命运类似,1997年后,受宏观政策和市场经济的影响,宁夏市县国营小服装厂开始出现亏损,先后停产、倒闭。截至2000年,全区国有服装企业除汇川为国有控股企业外,其他规模较小的企业均以股份制和出售的方式退出,私营企业进入服装行业。

20世纪80年代
宁夏有了时装模特秀

可以说,红旗服装厂的“风光”一度也可以代表宁夏服装业当年的繁盛势头。

20世纪80年代末，吴忠市服装公司设计的参展服装

吴希林，自治区轻纺工业局纺织工业处处长，《宁夏通志·工业卷》撰稿人之一。在他的回忆与介绍中，当年宁夏服装业从最初起步到进一步发展的图景逐渐清晰。

20世纪六七十年代，随着宁夏纺织工业的快速发展，服装业的生产规模也开始不断扩大。各市县相继建立了如大武口镇服装厂、平罗县服装厂等10个服装厂。

进入20世纪80年代，为了加强服装行业管理，宁夏服装鞋帽公司于1985年成立。当年7月，公司在银川举办首届服装设计大奖赛，银川市7家服装鞋帽生产企业纷纷拿出作品参赛。这也是在那个改革开放之初的年代，银川城里(也是全宁夏)第一次有模特登台表演的时装比赛，令不少银川人至今都印象深刻。

与此同时，随着经济体制改革的深入，宁夏的农村乡镇企业和城市里众多的个体服装厂(店)快速兴起。乡镇里，这些厂(店)基本就地生产、就地销售，减轻了农村家户手工缝制衣服的劳累。城市里，除了红旗等老牌厂家继续保持着较强的发展势头，诸如“佳佳”、“昊王”、“斯利达”、“龙凤”等企业或品牌，也成为这一时期新兴与鲜明的标签。

现阶段
机织类服装之外，还有羊绒和皮草

“学得是这个，干得是这个，快一辈子了。”到今年，58岁的吴希林在纺织这一行当已从业33年了。在他看来，如果要说说宁夏服装一路走来的历史，“红旗”之后，“汇川”是另一个绕不过去的关键词。

汇川建厂初始，西部省区的服装总产量只占全国的极少份额，甚至小于福建石狮一个县级市的产量，但汇川服装公司自1993年成立以来，已成为今日宁夏服装业21年的老品牌，也是宁夏乃至西北地区规模最大的综合性服装企业。

在吴希林眼中，20世纪90年代之后宁夏服装业的那次“转折”，也是时代发展与经济规律使然。有落寞，但也会有新机。时至今日，除了上面我们一直在说的机织类服装（如红旗、汇川），从2005年前后起，宁夏的羊绒（针织类）、皮草类服装也起步并发展。

“如今宁夏的服装企业大大小小约有50家，规模以上（年销售收入在2000万元以上）的12家，主要分布在银川、灵武、吴忠等地。”吴希林给出这样一组数据。

李振文/文

宁夏地毯——铺在地上的经典

宁夏手工编织地毯具有悠久的历史和很高的知名度，被称为“宁夏毯”、“老宁夏”，是一种有较高艺术价值的收藏品。在收藏界，“宁夏毯”与“新疆毯”、“波斯毯”一起并称为“最值得收藏的三类地毯”。“宁夏毯”之所以出名，主要是因为原料采用宁夏独具特色的滩羊毛。滩羊毛细度、长度搭配均匀，底绒丰厚，光泽自然，因而在明清时便被作为贡品大量运送到朝廷和寺庙。

然而，在工业化的今天，传统的手织地毯却不得不受到机织地毯的强烈冲击，传统生产工艺和技术的遗失问题突出。这一古老技艺处于停滞的边缘，面临着不可忽视的生存问题。

“出身高贵”的宁夏古毯

2006年9月4日，自治区轻纺工业局的唐胜华、尹君坐上了前往北京的班机。一路上，二人都在谈论着即将见到的陈列在故宫博物院的宁夏地毯。之前他们听说，在故宫博物院里，收藏着近200条宁夏地毯。如此丰厚的藏量，让唐胜华、尹君二人对“从未谋面”的宁夏地毯充满了期盼。

在故宫博物院，唐、尹二人终于见到了以淡雅、古朴著称的宁夏地毯。另外，二人还得知，在故宫博物院收藏的800余块地毯中，宁夏地毯居然占到50%~60%，且绝大多数的年代都在400~200多年前的明代中晚期、清代前中期。其他地毯则分别产自新疆、西藏、内蒙古和北京。

“1925年以后，这些老旧地毯就堆在御膳茶房，连故宫的许多工作人员也对这堆地毯一无所知。经后期工作人员清理、研究后发现，宁夏古毯数量占到了藏量的一半以上，数量惊人。这些地毯大多是没有固定铺设场所的‘万能地毯’，尺寸在2米×3米左右。”故宫博物院宫廷部主任、研究员苑洪琪告诉唐、尹二人。

唐、尹二人明白，大量宁夏地毯在故宫博物院的出现，至少说明了一个问题：明清时期，宁夏地毯的加工业就已经进入到了一个空前繁荣的时期。

据《宁夏通志》记载，宁夏古毯的迅速发展正好也是在明末清初。那时正是阿拉善定远营的建立和藏传佛教在阿拉善大规模建设的繁荣期。定远营的建设和寺

宁夏地毯产品

院的兴建,吸引了大批手工业者云集宁夏,办起各种手工作坊。其中,以地毯家庭作坊数目最多,并以寺庙用毯为主。至今在阿拉善左旗北寺(福因寺)里还存有部分嘉庆年间的地毯、柱毯、禅毯、靠垫毯、门帘毯等宁夏地毯,被地毯业界誉为"宁夏毯之宫"。

由于"宁夏毯"的驰名,西藏、甘肃、青海以及内蒙古的藏传佛教信徒也纷纷前来购买。渐渐地,"宁夏毯"的声名在王宫贵族间纷纷相传,成为彰显尊贵身份和供奉朝廷的首选。所以,在知识出版社出版的《中国古毯》一书中,对宁夏地毯做了这样的分类:宁夏古毯共分两类,一类是寺院用毯,另一类是贡品和礼品用毯。这说明了宁夏古毯曾经拥有过的繁华。

滩羊成就的地毯佳话

在故宫博物院,唐胜华、尹君的脑海里始终盘旋着一个问题,为什么大量的宁夏地毯会在明清时期大量进入北京?宁夏地毯凭的究竟是什么,在同时期众多地毯中脱颖而出,受到皇宫贵族的青睐?

声名远扬的宁夏地毯

其中的原因,或许清朝康熙年间,一位从新疆来到宁夏的维吾尔族织毯匠马托可以说得清楚。

300多年前,一位名

叫马托的维吾尔族老人路经宁夏，当看到贺兰山外苍天般的阿拉善大草原上徜徉其间的滩羊时，便停下脚步，在海宝塔附近扎根，竖起机架，开始教当地人编制地毯。宁夏绵长松软的滩羊毛和马托高超绝伦的编毯技艺牢牢地“编制”在一起，成就了宁夏地毯的辉煌，也使马托成为中国手工地毯史上留名不多的手工匠之一。

因为宁夏的滩羊，马托再也没有回到他的故乡，他去世后，徒弟们把他安葬在银川的海宝塔附近，被当地人誉为手工地毯匠的“祖师”，每年徒弟们总要到海宝塔下举行“拜祖”仪式。直到2006年扩建北塔湖时，马托的坟墓才被迁往公墓。

这段历史后来还被载入故宫博物院编的《中国古毯》一书，书中记载：“17世纪某一天，一位维吾尔族老人马托阿訇来到富饶的阿拉善草原，把从和田学到的一手精湛的织毯技艺传授给当地人。”恰是因为这段记载，日本锅岛锻通·吉岛第12代传人吉岛伸一终于找到了家书中提到的日本地毯匠的祖师——马托。2008年，吉岛伸一特意来到银川，祭拜了马托。吉岛家是日本皇室的专业织毯队伍，至今在日本乃至世界享有盛名。

宁夏的滩羊毛毛质松软，“砍”（地毯术语）出的毯子，因色泽光亮如缎，毛头蓬松，富有弹性，手感度高，轻薄松软，而在众多区域的地毯中独树一帜，获得皇宫贵族的青睐。

苑洪琪向唐胜华、尹君二人介绍，明清时期的宫廷地毯来源主要有两个，一是招揽各地工匠在京城织造，一是宫廷派人去各地采购和地方捐贡。“大量宁夏地毯的涌入，深刻影响了宫廷官方地毯。从宁夏地毯和官方地毯的比较中发现，宁夏地毯的编制工艺、花色图案深深影响了后来北京官方地毯的艺术风格。”苑洪琪说。

藏家眼中的“软黄金”

宁夏地毯因出身高贵，含绒度高，纯植物配色，手纺制作工艺决定了它们在地毯收藏界中拥有不同凡响的收藏价值及巨大的升值空间。如今在民间，想看到一张完整的宁夏古毯几乎不可能，大部分宁夏古毯握在北京、广州的藏家手上。

1996年，在中国嘉德拍卖会上，一件清晚期的宁夏织花蝶纹地毯以11万元成交。1997年，在北京瀚海拍卖会上，6件18世纪的宁夏地毯以12万~16万的价格成交。2006年，又是在中国嘉德拍卖会上，一块清晚期宁夏织花蝶纹地毯以23万元成交。

宁夏地毯质地与工艺均佳

据灵武一位不愿透露姓名的地毯藏家透露，他从宁夏民间花700元得到的一块据说是明晚期的地毯残片，被行家估价10万元左右。藏家往往对宁夏古毯有着深入的了解，两块不同花色的手工古毯，他们很快便能分辨出大致的年代和产地。和其他地区的地毯相比，宁夏地毯除了手感细腻轻薄、光泽度好以外，还在色泽和图案上别具特色。在故宫博物院，唐、尹二人看到，大多数宁夏地毯的图案是“龙凤吉祥”、“丹凤朝阳”、“福禄寿星”等，这些都象征着富贵荣华。

在明清时期，颜色有着明确的等级之分。因为专供皇家和寺庙，所以宁夏毯的配色更加与众不同，主要有姜黄、锈红、靛蓝等色。黄色为宫廷专用色，红色为王公贵族使用的颜色，黄色为当时势力最大的藏传佛教的专用色，蓝色作为配色。各种深浅不一的蓝在宁夏毯的配色中起到了非常重要的作用，与图案中的其他颜色相映成趣，使宁夏毯看起来醒目并富有活力。宁夏地毯都是用当地的橡壳驼、槐黄、苏木等植物染料进行着色。植物染色不仅不损伤滩羊毛，而且还能使滩羊毛散发出富有变化和生命力的“自然之光”。

经典会消逝吗？

至少在清朝时期，宁夏地毯就开始走出国门。据《宁夏通史·工业志》介绍，清朝末年，在银川“天主教堂”附近英国人开办的兴泰洋行，就专门收购宁夏古毯。

这样的经典在历史的长河中时隐时现。1935年，宁夏省主席马鸿逵在银川市玉皇阁南办起了“宁夏毛纺织厂”，这是宁夏第一座官办地毯厂。同年，中卫也开办了4家毯坊，全年可生产300多条地毯。由于纺织机的引进，这个时候的宁夏地毯开始出现了机织线，而传统的宁夏古毯，经纬线用的都是手工纺线。

1941年，现在盐池恒纳地毯公司的前身“元华工厂”在盐池挂牌，当时厂里有技工3人，徒工4人，整经机1架，织花格毯机1架。新中国成立以后，因为进出口贸易需求量的加大，宁夏各地开始涌现多家地毯厂。至1994年，全区共有大小地毯企业20余家，产品大部分远销海外，全年产量20.23万平方米，是宁夏地毯历史上产量最高的年份。

1995年，受国际市场的影响，宁夏地毯受到强烈冲击，外销渠道不畅，出口订单剧减，而国内市场需求很小，因而产量迅速回落，大多地毯企业相继倒闭或转产。2005年时，全区只剩6家地毯生产企业勉强维持局面。这些“活”下来的企业主要为青海生产藏毯，至于宁夏的仿古地毯，则因为传统工艺渐渐失传，编制工艺复杂、原材料贵、植物漂染工艺落后等原因，处于近乎停滞的状态。而这时宁夏部分企业加工的地毯，除了更多地出现了工业化的痕迹外，也少了不少宁夏特色，色彩比较庞杂，图案大众化。“宁夏老地毯”的光彩渐渐黯淡。

截至2010年，宁夏地毯企业只剩盐池恒纳地毯公司一家。古老的技艺与曾经拥有的经典，在工业化的今天，必须要面临逐渐消逝的命运吗？答案是确定也是不确定的。

乔建萍/文

西大滩，贺兰山下的拓荒记忆

2011年6月23日下午3时，贺兰山下平罗县境内的西大滩新火车站正式启用，这标志着由中铁二十一局惠银二线二项目部建成的第一个站改项目基本接近结束，投资近3000万元的西大滩车站成了包兰铁路复线上的一个重要货运站。西大滩，这个于20个世纪中期才出现在贺兰山下的新地名，再次引起外界的关注。60年前，一批脱下军装的特殊建设者来到这里，使这一片茫茫的盐碱滩变身而成农场，随后大批天津知青来到这里，投身于这片土地的改造。经过60年的努力，昔日的盐碱滩成了闻名全国的商品粮基地和王牌景区。

贺兰山下，一批脱下军装的建设者

1949年9月，国民党81军军长马敦靖接受人民解放军的建议，举行了和平起义。1949年10月23日，这支起义部队被改编为中国人民解放军西北军区独立第二军（以下简称独二军）。随后，从解放宁夏的19兵团调来200多人，担任独二军各级政工干部，开始改造这支部队。

1950年冬，正当举国上下掀起抗美援朝、保家卫国的群众运动之际，西北军区以文化技术干部招聘团的名义，在湖南的一些市县大量招聘以在校学生为主体的青年学子入伍。青年学子报名之后，进行了文化课考试、体格检查和政治审查，最后张榜公布录取名单，曹国清就是这批进入宁夏的三湘弟子中的一员。

1950年11月，独二军奉命改编并与陕北独立一师第二团1200多名官兵重新组建成中国人民解放军西北军区独立第一师。1952年2月，这支部队接到毛泽东主席亲自签发的命令："批准中国人民解放军西北军区独立第一师转为中国人民解放军农业建设第一师(以下简称农建一师)，将光荣的祖国经济建设任务赋予你们……"就此，在新中国的军队建制中出现了农建一师这支部队。

曹国清和其他145位湖南入伍者一样，分别由部队干部带队，经长沙、武汉、郑州到达西安。在西安经过短暂的整训和换装之后，到银川后又经过3个月的训练。这批三湘学子不少都分进了农建一师，他们和农建一师5800多名干部、战士一道，来到了贺兰山东麓、平罗县境内的一片荒滩上。那片荒滩因为在平罗县西边，便被称作西大滩。这一地区历史上曾是蒿草丛生、野狼出没、荒无人烟的茫茫戈壁滩。清朝宣统元年，宁夏都统志锐曾经想开渠灌溉、开垦这片土地，终未能实现。民国时期，宁夏省政府也想"开垦镇朔堡荒地五十万亩"，但最终也只是纸上谈兵。农建一师来到这里，开启了在西大滩屯垦戍边的光荣历程。

在曹国清的回忆里，那时的西大滩"荒无人烟，遍地是芨芨草、白刺和芦苇，常常有黄羊、野兔、野狼出入其间"。冬天，曹国清和其他负责测量的士兵，住在三角形的帆布帐篷里，睡在仅有一层麦草隔潮的地铺上，铺的是不到一公斤的棉褥子，盖的是两公斤左右的薄棉被。即使把皮大衣、棉衣、棉裤统统压在被子上面，半夜手脚仍难以焐热，等把被窝睡热，已经快天亮了。钻出被窝，被头一层寒霜，士兵们个个眉毛胡子上都挂着白霜。工作之余，大家围坐在草地上、帐篷里，拉起二胡、手风琴，唱唱秦腔、歌曲，跳跳集体舞或交谊舞。

宁夏第一个机械化农场和第一代女拖拉机手

1953年1月，农建一师国营平罗机耕农场更名为"农建一师国营前进机耕农场”,所属3个团分建为3个分场。官兵们开始在荒滩上筑路修渠、开荒平地、箍窑洞、盖房屋,硬是凭着自己的双手,使用锹、镐、镢头、背斗、手推车,在荒滩上种下了亘古荒原上的第一茬庄稼,当年秋天,就生产出了黄澄澄的粮食。到1954年年底,初具规模的前进农场出现在了西大滩。3年间,官兵们修建大小沟渠3100多条,总长度达4000多公里。当我们的采访车寻找当年修建的“八一渠”、“东干渠”、“八一桥”等水利工程时,依稀仍能感受到那些建设者们的艰辛。随着这些桥梁及水利工程竣工,第一台拖拉机轰隆隆地开进西大滩时,官兵们难以抑制激动的心情,很多人都流下了泪。沈立人、李亚夫、曹兰姣作为知识女性被选调去学开拖拉机,荣幸地成了宁夏第一代女拖拉机手。

1955年10月24日,甘肃省贯彻中央农业部通知精神,决定农建一师取消军队建制,正式转交地方。农建一师国营前进农场一、二、三分场改为国营前进第一农场、国营前进第二农场、国营前进第三农场。1958年,宁夏回族自治区成立后,又于1959年1月,将国营前进第一、第二、第三农场合并为“国营前进农场”,这标志着宁夏第一个国营机械化农场——占地20多万亩的前进农场在西大滩上成立。

天津知青,西大滩的第二批建设者

2011年7月1日上午,记者在国营前进农场沙湖新区刘树山的家中见到一份发黄的录取证。1966年6月6日,在天津上初中的刘树山从街道办郑重地接过了这张证书，那是中国人民解放军生产建设兵团农建13师工作组颁发的第120份录取证。那时，宁夏去的宣传队在天津召开征募支援宁夏建设的动员会，很多和刘树山一样的青年学生热情地报名参加。1966年6月9日，街道办的人带着奖状，敲锣打鼓地来到刘树山家中送录取证，他的母亲才知道刘树山背着父母偷偷地报名参加了支援宁夏建设。母亲找人给他做了个行李箱，借了40元钱。6月12日，刘树山和600多名天津知识青年从天津火车站出发，于6月14日上午9点半抵达西大滩火车站。"一下火车站，满眼的荒凉和想象中的宁夏以及之前宣传的宁夏有很大的差别，一个个沙包让人以为是坟茔。每个人发了两个油饼子。我们全部知青被16辆大卡车接走，到之前部队修建的窑洞去。我们被分到不同的连队，第二天就开始了劳动。我因为年纪小，负责放牛和羊。"

和刘树山一起来的天津知青在之前来这里的部队军人的带领下，开始了不同的工作，开始改造西大滩。那时，他们一个月工资24元，两年后涨到28元，最大的支出便是几乎每个星期一封写给亲人的信上的8分钱邮票，很多人将剩下的钱寄回家中以供贴补。他们的业余文娱生活便是骑驴、骑马或者打篮球。

1979年，大批知青按国家政策返城，然而，像刘树山这样的一批人已经在当地结婚成家，这批西大滩的早期建设者们，就此将家乡置放在遥远的记忆中了。刘树山的儿子按政策要求

今天的沙湖旅游景区

安置在了天津，女儿则被安排在了沙湖景区。就这样，当年600多人的天津知青队伍，如今在整个西大滩就剩10多位了。

经过军人和知识青年多年的艰苦奋斗，西大滩逐渐成了农、林、牧、副、渔、工、商、交通运输业多位一体的新型农场。1977年，原国营前进农场二站、三站之间的湖泊开始建立渔场。10多年后，西大滩上的另一个奇迹开始出现：这片渔场被宁夏农垦局作为旅游区开发。1996年，经自治区政府批准，西大滩上东至第三排水沟，西至东干渠，南以平罗县和贺兰县县界为界，北以东干渠及姚伏至西大滩的公路为界，这片区域正式成为沙湖旅游区。如今，西大滩已经变成了一处真正的塞上江南，当年的荒芜早已不见踪迹，当年的建设者们或离开了这里，或在这里扎根，留下的是贺兰山下一片丰美的商品粮基地和一个闻名全国的王牌景点。

乔建萍/文

青铜峡铁桥，走过半个世纪的宁夏第一座铁桥

2011年12月8日，在国家文物局组织开展的“第三次全国文物普查百大新发现”评选结果揭晓，青铜峡黄河铁桥入选，宁夏同时入选的还有彭阳小河湾遗址。青铜峡铁桥是一座怎样的桥梁，它的建成有着怎样的时代背景？它凭借什么优势入围全国文物普查百大新发现？记者带着这些疑问走近这座铁桥。

50多年前，宁夏第一座铁桥动工

今天的青铜峡铁桥

黄河流经青铜峡地区时，水势舒缓，因水而生的桥梁成了连接黄河两岸的纽带，形制不同的桥梁成了平原上划过水面的一道道景致，

走过斑驳岁月的铁桥

上面走动着车流与人流，下面流淌着黄河流经宁夏平原时的风情和历史。青铜峡境内的乡村不仅存留着大量体现乡村情韵的石桥、水泥桥，也留下了气势宏伟的大型桥梁。其中就有一座锈迹斑斑的铁桥，这就是出现在宁夏平原上的第一座桥梁——青铜峡铁桥。

采访当日的青铜峡一带，因为前一天一场突如其来的雪，气温骤降，前往铁桥的滨河大道上，车辆都减慢速度缓缓行驶。离开陈袁滩黄河大桥不久，向西望去，一座铁桥横卧在冬季的黄河之上。随行的青铜峡市文联主席丁宏山介绍说："那就是青铜峡铁桥——宁夏第一座铁桥！"到桥跟前，才发现这里西距青铜峡水利枢纽工程1.3公里，枯季的河床比夏、秋季节更能衬托出铁桥的伟岸和高大，不时有骑摩托车或自行车的人，悠悠闲闲地从桥面穿越而过。

黄河在此呈南北向流动，记者和来自河西岸的青铜峡市营门滩村的吴青民老人攀谈起来。在他的记忆中，1958年11月23日那天，天气已经转冷，当地人开始进入"冬养"季节。然而，在冰冷的河滩上却出现了一个个当地人此前没见过的帐篷，闪现着一个个操着外地口音的身影，慢慢地，村民们才知道，这些人就是承造宁夏平原上第一座铁桥的兰州铁路局桥梁工程队的工作人员。随后的日子里,70名技工和近200名民工利用冬季黄河封河,开始在冰上架梁,大胆地使用木桩桥墩来支撑重达150吨左右的大型钢梁。铁桥钢梁是在铁道部及兰州、西安铁路局的援助下,从渭南、临潼、峡东等地运到施工工地的。

为什么要建这样一座铁桥呢?丁宏山介绍说,20世纪50年代初期,中国完成了黄河治理规划,并设立了黄河水利委员会。1954年出台的《黄河流域规划技术经济报告》中,青铜峡水利枢纽工程被列入黄河梯级开发的第一期大型水利工程。这样大的工程及所需的钢材物资,传统的皮筏、木船等渡河工具根本完成不了,只能修建一座桥梁为青铜峡水利枢纽工程及黄河两岸运输物资。

四国钢梁,组成了"四国"桥

如今,铁桥经历了大半个世纪的风雨,钢梁看上去锈迹斑斑,但细心看还是会发现钢梁上有英文及生产年份标记。桥两端边跨钢梁上标注有:"BETHLEHEMUSA"(美国宾夕法尼亚州伯利恒)、"CARNEGIE"(美国卡耐基钢铁公司)、"ALGOMACANADA"(加拿大阿尔哥玛)。中跨5组半穿式钢梁标注有:"CAPGOFLEETENGLAND"(英国伦敦费利特)、"DORMANLONG&CLMBRO"(英国多门朗公司)、"SKINNINGROVE"(英国北约克郡海滨小村),以及标注1944年至1947年不同制造年份的铭牌。这5组中跨采用英国制造的ESTB军用钢梁(半穿式),这些钢梁所用的是英国东北部北约克郡的铁矿厂原料,第二次世界大战前后由位于伦敦费利特的英国多门朗公司制造。每组长35米,自重110吨,仅钢梁的安装就使用了3.5万个铆钉。美国的、加拿大的、英国的,加上中国的钢梁,从钢材选用的角度看,这座桥完全是一座“四国桥”。为什么会出现这种情况呢?据青铜峡文管所所长李鹏介绍,第二次世界大战时期,欧洲桥梁设计理论及钢梁材料经盟军之手传入中国,20世纪50年代期间,中国建造的部分桥梁利用了这些钢梁材料,而青铜峡水利工程是国家重点工程项目,这些“洋钢”和国产钢梁同时出现在这座桥中,就不足为奇了。

站在桥梁的上水处,能清楚地看到其独特的桥墩是一般桥梁很少用的筏型基础。宁夏著名的交通史专家鲁人勇对此的解释是:“所谓筏型基础就是沿着桥梁中轴线的水下底部抛置大量石块,形成一条连接河底的矮石埕做桥基,然后在上面建桥墩,这种建造方式在中国著名桥梁中只有位于泉州城东13公里处的洛阳桥采用。”

各种车辆通行,构成“多车道”桥梁

1959年7月1日,为庆祝中国共产党成立38周年,通车典礼选择在党的生日这一天举行。大桥两岸的村民们早早就吃过早饭,来到新落成的青铜峡黄河铁桥两端,观看铁桥建成通车仪式。那天,建成的桥头上彩旗飘

扬，巨幅标语悬挂两旁。左边为：连接黄河两岸，加速宁夏建设；右边是：欢呼大桥通车，向党生日献礼；横幅是：庆祝通车大会在黄河岸边举行。有近千人参加了通车典礼。王滩村村民王祥老人清晰地记得，那天下午1点，随着时任宁夏回族自治区副主席吴生秀的剪彩，一列从河西段跨过唐徕渠铁桥的火车，在欢呼声中徐徐驶过长达292米的青铜峡铁桥，奔向青铜峡河东工地。火车通过后不久，就有汽车通过，村民们的自行车、毛驴车也通过这座桥来来往往，使这座桥成了一座名副其实的“多车道桥梁”。铁桥的建成，不仅联通了黄河两岸的来往，更是为加速青铜峡水利枢纽工程建设做出了卓越贡献。当时，宁夏回族自治区副主席吴生秀参加大会并发表讲话。他说：“青铜峡大桥的建成，是我区人民的一件极大的喜事。一方面，它将加速青铜峡工程的进展，另一方面，又将促进吴忠、金积等县区、市的工农业生产的发展。”他代表全区人民向兰州铁路局桥梁队的同志们致以谢意。

退位不退役，逐渐走进工业遗产保护行列

1991年9月，距离青铜峡黄河铁桥下游几公里的陈袁滩上迎来了青铜峡黄河公路大桥建成通车，青铜峡铁桥逐渐退出了

历史舞台。我们看到，缓缓的河水通过筏型桥基时激起的激流，仿佛卷走了这里昔日的繁忙。然而这座桥却承载了几十年间积淀的无形的文化信息，桥头立着青铜峡市的文物保护碑，表明铁桥是宁夏第一处被正式纳入文物保护管理体系的近现代工业遗产。

2010年12月，青铜峡铁桥被自治区政府公布为第四批自治区文物保护单位。这次，青铜峡文物部门将其登录于全国文物普查中，上报国家文物局后，因其具有历史、社会、科技、经济和审美价值，不仅体现了世界钢桥建造领域科学技术的发展轨迹，也见证了国家为促进宁夏经济社会发展做出的巨大努力，为这段历史和业绩提供了难得的实物资料，而被列入第三次全国文物普查百大新发现。这次入围全国文物普查百大新发现，对当地有怎样的影响呢？记者在现场看到一对即将举行婚礼的年轻人来铁桥旁拍摄结婚照。他们告诉记者："以前不知道家乡的这座桥有这样的历史，还是朋友告诉我们它的历史价值和文物价值，便来这里拍结婚照，觉得和在别的地方肯定不同。"丁宏山补充道："入围百大新发现的消息传到青铜峡当地后，准备结婚的年轻人来这里拍照的明显增多了。这座桥的产权在一家建筑安装公司，他们也增派了人在两端守护，增强了保护意识。"

走过半个世纪的青铜峡铁桥，有望重新焕发它的价值。

张秉东　唐荣尧/文

宁夏有一个故乡叫方言

在宁夏银川，人们耳熟能详的方言广播节目很多，《的哥哈嘻嘻》《老顾开喧》和方言电视栏目《李子谝吧》《非常邵喧》，等等，似乎用方言说新闻、讲段子、开栏目，已经成了一种趋势。

但是与方言类节目大热相对的是，年轻一代会说方言的人越来越少，懂得老派方言词汇精髓的更少。宁夏方言到底承载着哪些深厚的文化元素？方言的流失有没有可行的应对措施？记者就此走访了部分研究宁夏方言的学者，和从事方言演绎的演员、主持人等，共同进行了探讨。

五方之语形成的宁夏方言

在整个中国的语言版图上，宁夏方言属于北方方言系统中的西北支方言，其内部可以划分为北部川区和南部山区两大区域。一本《中国方言地图集》明显规范了宁夏方言的归属：北部川区话属兰银官话，又分银川片和银吴片；南部山区话属中原官话，又分秦陇片、陇中片和关中片。

中国语言学会会员、北方民族大学教授林涛多年来致力于语言学研究，尤以宁夏方言为研究之重，据他介绍，南部山区的中原官话来源于秦陇地区的秦陇语，即陕西话和甘肃话；而兰银官话的来源就复杂得多，它和我国历代统治者开疆扩土、移民戍边政策、汉族和少数民族迁徙等方面有关。

宁夏曾作为一个边陲重地，从秦汉到明清，历代统治者出于统治边疆、加固边防、发展经济的需要，频繁从各地向宁夏移民。1958年，宁夏回族自治区成立，来自北京、上海、甘肃、陕西、四川、河南、安徽以及江浙一带的移民，不仅将宁夏移民潮推向波峰，也带来了更为丰富的语言补充。至此，宁夏地区除了人烟稀少的南部山区居民比较稳定外，人口稠密的北部川区大都是从"东南西北中"五方而来，五方之语在宁夏这个大容器中汇聚、融合，逐渐形成了独具特色的宁夏方言。

在一些专门从事语言研究和方言艺术表演的人看来，方言的内涵似乎有着更为丰富的意义。就宁夏方言来说，首先包含着浓厚的移民文化特征。"宁夏的很多方言词汇，都能找到外省（区、市）方言的踪迹，这些印迹都很传神地记载了宁夏从古延续至今的移民历史。"林

语言学家林涛

涛教授告诉记者。他给记者细说了不少宁夏方言,发现不少有意思的词汇。比方说宁夏人说吃亏,读qiakui,"qia"的读音,就来自湖北随州及湖南一带;宁夏人将大街的街字读gai,这和四川方言的读法一致,等等。

广电节目中的亲切乡音

当记者聆听完被称为"宁夏坐唱第一人"的徐明智的表演后,发现宁夏方言对历史的记载还存在于一些方言民歌中。"老银川九里三,十字鼓楼在中间"这个段子,是徐明智在创作采访时听一位银川老人用宁夏方言讲的,描述的是古代银川建城时,西起现在的团结碑所在地,东到现在的东门药品超市,中间经过鼓楼,间距是九里三。除此之外,宁夏的方言还保留了不少古汉语的词语和元明清的白话词语。

宁夏品牌方言节目《李子谝吧》的主持人、方言广播剧《的哥哈嘻嘻》的主创人之一李坚强,多年来从事方言主持、表演,对宁夏方言也有着很深刻和直观的体会。毕业于中国传媒大学的李坚强,普通话说得字正腔圆,但是,在他看来"很多语言用方言可以表达出其丰富的情感和生动的现场感,但用普通话来说韵味就差了很多"。李坚强的节目中曾讲过这么一个场景——一个士兵跟领导汇报,说自己的队伍被敌人包围了,用宁夏话说出来就是:"报告队长,俺们被别几个箍住了。"就是这么一句话,配合宁夏方言的声调变化,加上形象地用"箍住"代替包围,生动而诙谐,趣味一下子显露了出来。

李坚强最早在银川的广播节目中开办方言栏目时，也曾受到过来自各方面的质疑声，有人怀疑在以普通话为主体的广播中出现方言，会不会被听众排斥。没想到节目一开播，很快收到了来自各方面的好评，尤其普通大众，在广播中听到那些街口巷尾的新鲜事被用熟悉的乡音表达出来，既幽默诙谐又亲切。一次，李坚强在出租车上被听众的哥认了出来，这位的哥崇敬地跟李坚强说："我是郊区农村长大的，以前因为从小说方言口音重，都不敢开口说话，特别自卑，后来听到你的节目，我才知道原来我们的方言这么有意思，还能在广播、电视上流传，忽然就对自己能说流利的宁夏方言而产生一种自豪感。"后来李坚强就尝试着在自己的节目中向大家介绍宁夏方言里一些比较经典的词汇。

2011年年初，银川交通音乐台开办了一个方言说新闻的栏目《老顾开喧》。在节目开办以前，主持人顾伟在外地做过很多考察，发现不少地方的方言广播新闻节目都很受欢迎，于是开办了《老顾开喧》。顾伟告诉记者："当初开办这个节目的时候，只是想做一档富有地方特色、亲民的节目，越做越发现用方言做节目非常有意思，听众听到了熟悉的语言，自然而然也会喜欢栏目本身。"栏目坚持至今，仍旧因其语言特色带给宁夏听众的文化归属感而受到欢迎。

保护方言，势在必行

外地也有不少有识之士提议保护地方方言。比如，北京师范大学教授万建中说："作为北京人，我不想等自己老了，看到年轻人已不知北京话为何物。"而另一位和万建中持相同观点的中国传媒大学播音主持艺术学院院长鲁景超则表示："方言的背后是一种文化，是一块土壤上人们生活方式和生存状态的浓缩，但现在真正说老北京话的人太少了。如果那么多方言都消失的话，我们的语言就太单调了。"也有北京市政协委员提议，在公立幼儿园开设北京方言课程，义务教育阶段，加入选学科目"北京乡土地理"，以保护北京独有的文化。在上海，人大代表书面建议，建设上海方言博物馆，保护和传承上海方言。

在宁夏，担心宁夏方言逐渐会消失的顾虑一样存在于很多"老宁夏"心中。《美气的银川我的家》一剧的执行导演兼主演白永蔚不无遗憾地告诉记者："现在年轻一代会说宁夏方言的越来越少了，尤其是城市里的年轻人。即便少数会说的，也是会讲些字音上的皮毛，一些老派方言的词语他们连什么意思都不懂。"从事坐唱表演几十年的徐明智的担忧表现最明显的就是为坐唱寻找传承人的事情上："现在我所收的弟子里，年轻的只有我儿子，而他也是从小说普通话长大，开始学坐唱了，才开始集中学习宁夏方言，但是很多方言的精髓和老一辈的方言词汇，他也不能理解。"在徐明智看来，方言作为地方文化的根基，应该得到应有的保护。

曾经的五方移民丰富了宁夏方言，但移民也是造成年轻一代不会说方言的重要原因。惠农县退休教师黄玉莲已75岁了，1959年，她从温州支宁来到惠农，嫁给了陕西知青王保华，当年他们所在的生产队里，来自全国各地的支宁青年用普通话交流，偶尔和当地的老乡学学宁夏方言。于是他们的孩子，温州话、陕西话不会说，宁夏话还勉强能说一点，可到了他们的孙子这辈，什么方言都不会说了。黄玉莲告诉记者："我这样背井离乡的游子，跟家乡最紧密的联系就是乡音了。而到了我的下一代，将成为没有方言的人。也许，他们才是没有故乡的人。"黄玉莲的经历昭示着方言衰落的过程。

地方语言的消失是个世界现象。根据联合国教科文组织2009年发布的信息显示，在目前存世的6000多种语言中，有近2500种属于濒危语言，其中，超过200种语言会在50年内灭绝。

拯救方言，至少把它留在书中

部分专家、学者提出的方言进校园，是否是保护方言的最有利方式呢？对于这个问题，记者采访了银川一中和实验中学的部分语文老师，一部分老师认为，方言是一种有浓郁地方特色和文化价值的语言，但方言主要靠生活圈子形成，并不是靠开课程能解决的，可以采取选修课的形式，但要尊重孩子个人的选择，否则可能因为增加了孩子学习的负担而起到适得其反的作用。

林涛教授认为，文化始终是与生活方式紧密相关的，在现代社会，随着文化融合步伐的加快，地域传统文化的许多内容不可避免地会流失，一种方言一旦失去交流工具的功能，就有可能在既定的人类发展规律中逐渐消融。所以更应该在这种大环境下有效地保护方言，比如政府出台相关政策鼓励、支持语言类学者对方言的研究，以及通过著书立说，将方言的历史、文化、词汇、语法、语音等内容收录其中，至少做到完整的保存。李坚强则认为，可以出一些收录方言词汇的小册子、小词典，收录地方方言词汇和读音，找一个合适的途径予以推广，让逐渐丢失的方言词汇得以流传。

张晓雪/文

水自贺兰山中来

贺兰山，为人所熟知的，是它数万年来，以其巍峨高大、重叠绵亘的山体，阻截了北部风沙的侵袭，庇护了美丽富饶的银川平原。其实，贺兰山一个个沟谷中或明或暗的水流为整个贺兰山带来了灵气，也为山麓的植被带来了水源，更深的地下暗水，甚至可以说是银川绿洲的一个水源补充。

贺兰山山势南高北低，西高东低，水源补给主要来自大气降水，降水渗入石头缝、岩隙，沿着山体、地下河道缓缓进入银川平原。奇特的山体山貌及气候环境，让贺兰山的水呈现诸多形态。暴雨倾泻而下时，在贺兰山苏峪口、滚钟口、插旗口等流域面积大的沟口，它是洪水猛兽；小雨天气后，徒步山间时，游客会不期而遇一条条潺潺溪流，掬

贺兰山中地貌

一捧在手，甘之若饴，滋润万物。生活中，贺兰山的水又是一些纯净水生产厂家的优质水源，而更多的“无名之水”更是源源不断流进千家万户，供应银川约60%的生活用水需求。

洪水猛兽——遭遇百年未遇洪灾

贺兰山沟口众多，在明史里便有“贺兰，可驰入者80余口”的相关记载。途经银川平原的贺兰山段，从南部榆树沟起至北段插旗口，大的山洪沟道就多达19处，其中，以山体陡峭、流域面积较大的滚钟口、苏峪口、贺兰口、插旗口4处山口最易暴发大的山洪和泥石流灾害。

贺兰山最大的山洪发生在1998年5月20日，百年未遇。说起那场山洪，退休多年的水文站工作人员李万才至今心有余悸。当天下午3点左右，苏峪口水文站内只有李万才一人在值班。突然天空云层积厚，雷声大作，大雨倾盆而下，凭借多年的水文观测经验，李万才预感到，要暴发山洪了。洪水很快裹石而下，“水天一线，山石轰鸣”，这是特大山洪留给李万才的深刻记忆。几乎是一瞬间，距离沟口还有近150米的观测站也被洪水淹没，仪器被冲走，洪水导致观测站断水断电。为及时将数据向自治区水文局报告，李万才抱着发报机，在雨中跋涉1个小时，最后借助游客车里的电瓶，才将观测数据传回局里。

那场洪灾，造成沿山一带村庄、渠道、公路、桥涵和人们生命财产损失约3亿元。“短时降雨量超过每小时35毫米时，贺兰山便易发山洪，而‘98·5·20’那场洪灾实测降雨量高达169毫米。”自治区水文局银川分局曹学明局长介绍说。

泉水叮咚——喷涌而出的万年古水

采访途中所见，贺兰山的不少溪流、河道流淌不绝，往日裸露较多的山体也被一层绿茸茸的野草覆盖，随处能看到山花烂漫。我们在苏峪口水文站北侧的沟谷里便发现了一条新的溪流，水量很大，即使站在百米外，都能听见它欢快的流动声。就在我们感叹泉水叮咚、清冽甘甜时，曹学明却告诉我们，在苏峪口、滚钟口、贺兰口等诸多山口流出的水都不是泉水，而是“岩隙水”（浸入岩石里的地下水）。“只有未经人工拦截自然喷射而出的地下水才能称为真正的泉水。”曹学明说。

从这个意义上说，贺兰山里只有青铜峡境内鸽子山附近有4眼泉，其中以庙山湖的泉水最为出名。

在庙山湖，我们终于见到了真正的贺兰山泉水。泉眼被圈在一处尼姑庵内，庵因泉而建，庙山湖之名由此而来。汩汩清泉顺着庵内人工挖的一条沟渠流入院墙外的一处蓄水池内，池内蓄不下的水翻池而出，缓缓流向更远处的沙

山中的溪流

地。由于这处泉眼的浇灌，身处荒漠中的这座寺庙四周苇草茂密，水流经过之地草木苍翠。

不仅如此，泉眼还惠泽了四五公里之外的一家纯净水厂。青铜峡庙山湖贺兰雪纯净水厂（以下简称贺兰雪纯净水厂）建厂以来，原料用水取的一直就是庙山湖的泉水。“就在庵外的水池里接了三根水管，没有采取任何打压措施，泉水便顺管流进生产车间。”贺兰雪纯净水厂厂长张勇告诉我们，该水厂目前年产11多万吨纯净水。十多年来，泉水源源不断流进这间水厂，再灌注到瓶内走向市场。

暗流涌动——山因水动

特殊的山体山貌使贺兰山因山体内蕴藏了大量的“岩隙水”而有了“山包水”的现象。储量如此丰富的水，却不准在贺兰山里凿井取水，这又是为何？自治区水文局地下水监测科高级工程师张学文解释说，贺兰山地下水基本是通过石头缝渗透下去的雨水或雪水，河道复杂，加之贺兰山地形复杂，开采难度很大。“另外，出于保护贺兰山生态的考虑，我们一直禁止人为夺取贺兰山水资源。”

不仅是盲目开采水源，一味砍伐或种植树木也会造成贺兰山的生态紊乱。据滚钟口管理处原主任孙立介绍，2002年，为涵养水源，他们在山体南坡种植了500亩生态林，树木成活率达98%以上。但次年，管理处却发现山上、山下仅有的3口井水量明显减少，后经专家分析，原来是500亩生态林的突然进入，侵占了过多贺兰山的地下水资源，导致贺兰山的生态紊乱。

为更好地涵养水源，人们采取了修建截洪坝、退耕还林、封山禁牧的方法让贺兰山在一种人为干扰较少的环境下得以自然恢复。还不到10年，贺兰山便回馈给人们无数意外的惊喜。

苏峪口国家森林管理站，2001年之前，工作人员不足30人，山上生活饮用水极其有限，遇到山水枯竭期，工作人员不得不用水车下山拉水喝。2003年实施封山禁牧后，山水不足的情况立刻得到缓解，已基本能供应景区经营山庄和游客的用水。“最近3年，用水基本不发愁了。”苏峪口国家森林管理站主任许斌介绍说，如今仅苏峪口一处的地下水，除能满足景区建设的用水，还能灌溉沿山镇苏林带、滚苏林带道路两侧，单侧80米宽、长度约10公里的树木。

感恩贺兰——银川人60%以上的生活用水之源

除了洪水、泉水，贺兰山的水大多以暗流形式涌动在贺兰山体内，仿佛根根毛细血管为贺兰山的生物源源不断地输送养分。

因为有了贺兰山石的过滤自净作用，贺兰山的水饮用起来甘甜绵软，烧开后不易结水垢。热衷茶道的人，甚至驱车到贺兰山里专门取山水烧茶。

而在银川市西夏区生活久了的人，猛然到兴庆区或金凤区生活、工作，明显的不适除了交通拥堵之外，还有水的口感，在他们味觉记忆里，西夏区的水是甘甜的，而其他地方的水“有股

贺兰山中的水滋养着一方土地

味，喝着略苦”。在西夏区居住的司机罗峰告诉记者，因为家里的自来水甜，有时他干脆就直接嘴对着水龙头喝。“这主要是因为贺兰山水里锶等人体必需微量元素含量丰富，矿化度低，是国家级的优质水源。”专家告诉记者。

银川自古以来就饮用贺兰山之水，贺兰口的山水曾滋养了宁夏最早的先民。数万年来，它仍潺潺不绝，生生不息。张学文介绍说：“银川市年耗水量近1.3亿吨，其中，消耗贺兰山地下水水量达6000万吨~8000万吨，这也就是说，银川市居民生活和工业用水中六成以上来自贺兰山。”

虽然储量丰富，但贺兰山的水却并非用之不竭。曹学明、张学文等水利工作者提醒我们，破坏贺兰山生态，浪费污染水源，盲目上马耗水量过大的项目，过量采用地下水等，都会对贺兰山的水量、水质造成严重威胁。

“问渠哪得清如许，为有源头活水来。”我们期待更多的水来丰盈我们的湖泊、河流、大地，润色我们干燥的记忆，孕育这个城市美好的未来……

乔建萍/文

光影岁月——宁夏电影制片厂的往事今昔

很多人关注宁夏电影制片厂(以下简称宁影厂),是从前些年热映的《画皮》开始。借助这部合拍的电影,沉寂了多年的宁影厂似乎一下子横空出世,让我们留意到,原来在我们的本土,也有一个响当当的电影厂——宁夏电影制片厂。这个建于1958年的宁夏唯一的电影厂,一路走来,究竟经历了什么?

命运多舛,数次搬迁

2012年10月,银川秋意正浓,我们跟随几位宁影厂的老影人,来到位于西夏区文昌路的宁影厂。尽管厂区外围遍布热闹的饭馆、店铺,但厂区内却是人

昔日的工作场景

去楼空、满院荒芜的景象，唯有门口一块油漆剥落的木招牌“宁夏电影制片厂”还勉强能提醒人们，这里曾是宁夏电影的发源地。

在第一任宁影厂副厂长李庆跃的带领下，记者步入大门。正对大门的三层办公大楼建成于1983年，当年，楼内主要设有办公区、录音棚、剪辑车间等。如今，由于长时间无人来此，楼里水电全断，积满灰尘，门窗破损。透过办公楼的后窗，可以看到一栋两层的小楼掩映在树林当中，那是宁影厂的招待所，国内不少著名的导演、演员都在那里留宿过，比如导演谢晋、演员斯琴高娃等。

采访之时李庆跃已81岁，虽离开宁影厂多年，但再次来到故地，他的激动之情难掩其表。他告诉记者，宁影厂历经3次搬家，直到1983年才搬到现在的位置。

1958年6月，宁夏在中央文化部电影局的“省建制片厂，县有电影院，乡设电影队”的号召下，成立宁影厂。时任宁夏省人民电影院副院长的李庆跃成为宁影厂筹备组的成员之一。筹备期间，宁影厂就在银川市明礼街(今朝阳街)42号院内办公，新厂址选定在银川南郊造林站(今宁夏干部疗养所)。筹备工作完成后，李庆跃便带着63名工作人员远赴长春电影制片厂学习编导、摄影、录音、洗印、表演等电影制片专业技术。其他人员则留在银川，配合从中央新闻纪录制片厂借调来的4位编导拍摄一些反映宁夏工农业生产与建设方面的新闻简报和纪录片。

1959年，国家经济遭遇困难，中央要求各省区不再设立电影厂，宁影厂更名为宁夏新闻纪录电影制片厂，原定新厂的基建也停止了。从长影学习归来的64人当中，只有36人留了下来，李庆跃任副厂长，纪录电影制片厂也搬到了老展览馆内一处新建的二层小楼里，设置机构也相对完善，有采编组、录音科、洗印科、字幕科，主要还是拍摄新闻简报配合政治宣传。

国家的命运"牵一发而动全身"。1963年，中苏关系恶化，当时国内的电影胶片供应主要靠苏联提供，为应对危机，中央提出除保留西安电影制片厂、北京电影制片厂、长春电影制片厂、上海电影制片厂、峨眉电影制片厂、广州电影制片厂外，其余各电影制片厂一律撤销，人员分流至各文化、宣传、教育部门。

此后的十多年，宁夏便没有再拍过任何一部影片，之前的

当年的拍摄场景

办公楼也被拆除。直到1979年，在新疆、内蒙古、广西等省区恢复建设电影制片厂后，宁影厂才得以恢复。这次，政府批复了新市区（现西夏区）文昌路的一块地用于宁影厂的新厂建设。李庆跃说，新宁影厂得到了政府的重视，光基建资金就达35万，另外还特批了35万外汇用于购置各类摄影设备。有了这些，宁影厂接连拍了两部艺术性纪录片，广受好评，其中《治沙》一片还在国外播映，之后还有不少国家购买此片。

有了拍摄经验，1983年，工作热情高涨的宁影人打算像其他大电影制片厂一样也拍一部电影故事片。这个讨论会便是在新落成的宁影厂办公大楼里召开的第一个会议。

《龙种》——第一部彩色故事片

宁夏电影史上的第一部电影便是宁影厂根据张贤亮的小说改编的《龙种》。

当初宁影厂得到《龙种》的剧本并不容易。由于拍摄了张贤亮小说《牧马人》而大获成功的谢晋导演原本想将张贤亮的小说《龙种》也拍成电影，为此他特地来到宁夏与张贤亮接洽此事。听闻此事的宁影厂厂长李庆跃立即致电自治区党委宣传部全力争取，最终从张贤亮处取得该小说的电影制作权。

当时宁影厂还没有成熟的剧本创作人员，没有导演，没有专业演员，这些人员都需要外请。于是，导演过《小城春秋》《小字辈》的长影导演罗太，《知音》的导演巴鸿，主演过《英雄儿女》中王成一角的北影演员郭允泰，北影演员俞平等编剧、演职人员来到了《龙种》剧组。

1983年7月17日清晨,《龙种》在玉皇阁开机了。晨起的银川百姓从未见过拍摄电影的场面,见到贴满大街的大字报,听到此起彼伏的口号声,看到戴着军帽、穿着军装、腰系皮带、臂佩袖章的"革命小将"又现街头,还以为时光倒流了。

不到两个月,《龙种》便杀青了,并由文化部电影局批准于1982年12月16日面向全国发行。发行之前,新华社专门向全国发了题为《宁夏电影制片厂摄制第一部彩色故事片〈龙种〉即将同观众见面》的消息。当时,为一部片子新华社专门发消息,唯有宁影厂获此殊荣。

1984年4月30日至5月4日,《龙种》在银川首次公映。银川、红旗、东方红、新城、湖滨、区运等6家影剧院,5天就播出169场,观众达22万人次,看片人数为当时银川人口的三分之一,可谓盛况空前。

20世纪80年代,中国电影实行的是中国电影总公司的"统购包销"制度,由于该片题材丰富,摄制精良,中国电影总公司出资55万元购买了此片永久版权。"除去35万元的拍片投资,《龙种》在80年代就赚了20万,可以说是宁夏第一部赚钱的电影。”李庆跃说。

遭遇改革之痛

虽然赚了钱，但由于体制的原因，20世纪80年代中国的拍片环境并不好，很多影片拍了就赔钱，因此，在《龙种》之后，宁影厂再无新作问世。1988年，受市场经济的影响，宁影厂又成立了“宁夏音像艺术部”及“宁影饭店”，结果由于经验缺乏、管理混乱，给宁影厂造成54万元的经济损失。为还债，宁影厂的两部汽车和一个摄影机变焦镜头被全部用来抵债。债务让宁影厂职工心灰意冷，拍片陷入更加艰难的困境。

在这种处境下，宁影厂又在当初召开《龙种》论证会的那间会议室里，召开全体职工大会，最终决定转变经营机制，提出“走出去，自己找米下锅，以解决拍片资金的困难”。此举在当时的电影界甚至引起了不小的震动。“虽然不是开创了中国电影制片人的先河，但也算是走在了电影改革的前沿。”李庆跃如是评价当时宁影厂的这一举措。

“这其实也是宁夏电影人职业自由化的端倪。”李庆跃说。

此前国内电影的拍片周期都较长，有些导演一个片子就拍3年，也没人提出异议，拍片成本很高。但“找米下锅”后，宁影厂制片人员的积极性得到促进，在1988年到1997年，就完成了40多部纪录片、6部故事片的拍摄。其间，宁影厂拍摄的《家丑》《滑板梦之队》《这女人这辈子》分获1994年全国大学生电影节最佳影片奖、1996年中国电影华表奖、1997年中国电影华表奖和第七届中国儿童电影铜牛奖。

1996年，在全国文化体制改革的浪潮下，经过整制后的宁影厂归入宁夏广播电视厅。但在之后的一年里，跃跃欲试的宁影厂新的领导班子由于市场调查不够，一年之内接连拍了两部电影和一部电视剧，且电影题材相互撞车，让宁影厂再次遭受重创，一下背上了500多万的亏损。沉重的债务让宁影厂基本失去了再生产的能力。

这样的萧条延续了很长时间，直到2001年元旦，摆在新任的宁影厂厂长杨洪涛面前的也还是一座空荡荡的办公楼和一笔510万的欠款。他的内心像极了当日的天空，“灰蒙蒙的，似要下雪”，困难超出了他的想象。

拐点，《撑起生命的蓝天》

《撑起生命的蓝天》被杨洪涛称为宁夏电影制片厂20世纪的“拐点”之作。

《撑起生命的蓝天》的主人公原型王嘉鹏是1993年银川“7·23”空难的幸存者，他在病床上历经的病痛，生活中与伤残抗争，在国际残疾人滑雪比赛中两次将五星红旗飘动在异国上空等事迹，让杨洪涛感觉到这是一部不可多得的电影素材。经过精心筹划，2002年5月，杨洪涛拿着不足50万元的前期资金，带着宁影厂的同事和1000多包方便面远赴挪威拍摄了20集连续剧《撑起生命的蓝天》。

2003年8月，该剧在中央电视台黄金时段播出，并取得该年央视收视率全国第三名。为了收回投资，宁影厂采取电影衍生产品——电影光盘的形式与全国妇联合作，两年之内收回了拍摄该片的所有投资。“虽然只是保本，没有赚到钱，但是却为宁影厂赚到了知名度。”该片剧本参与创作者之一，宁影厂原编导创作人员王漫曦说。《撑起生命的蓝天》获得2000年度国家“五个一工程奖”。

《撑起生命的蓝天》同时也撑起了宁影厂的一片蓝天。

2005年，宁夏广播电视总台组建，他们看中宁影厂的潜力和魄力，慷慨地接纳了当时仍负债累累的宁影厂，专辟广电大楼的整整一层楼供宁影厂使用，终于结束了宁影人长达三年打游击办公的日子。而在此前的三年时间，由于欠债过多，宁影厂办公大楼连水电费都交不起，厂里各种会议都是在银川各大宾馆大厅里召开的。“因为那里不收场地费，人家实在不愿意，我们就买一壶茶，十几个人，三四个小时也喝不完那壶茶。”王漫曦告诉记者。

《画皮》，另一种可能

合拍电影的成功案例还让宁影厂看到了另外一种让宁夏电影走出去的可能，那就是在北京建立宁夏电影的“桥头堡”，便于寻找机遇，争取机会。事实证明，在北京打下的良好的人脉资源，让宁影厂获得了前所未有的发展机遇，仅2006~2007年，宁影厂就与外界合拍200集电视剧和5部电影，不仅还清了宁影厂的所有债务，还为宁夏培养了一支年轻的专业摄制团队。其间拍摄的由著名演员张嘉译主演的《冯志远》，入围第15届洛杉矶国家家庭电影节。“该片也为宁夏电影与国外电影同行之间的文化交流、商业交易与合作销售提供了契机。”杨洪涛更看重的是该片背后隐藏的各种发展可能。

电影《冯志远》剧照

契机很快如约而至。一次偶然的机会，在与好友甄子丹聊天的过程中，杨洪涛得知北京某影视公司放弃古典小说《画皮》的拍摄，这让他有了尝试的冲动。“别人不干的事我们干，这样才有挑战性。”但杨洪涛想做的，可不是简单地再现原著，而是“用古典文学中《画皮》的壳，加入魔幻、爱情、动作的元素，使新剧符合国内、国际市场的需求”。

但想实现这样国际化的思路，对于当时的宁影厂并不容易。和全国大多数的电影制片厂一样，宁影厂也已不“养”专业编剧、演员、导演、录音师、剪辑师。“现在拍一部影视剧，从剧本到演员、导演、摄影，包括后期剪辑，全部都要外请。”王漫曦告诉我们，1999年，他以编剧身份调入宁影厂，原来是“写出的本子没钱拍，现在是写出的本子缺乏商业性”。据记者了解，现在国内有专门的剧本创作团队，它们本身不隶属于任何一家影视单位，完全根据市场需要，投其所好进行专业创作。

剧本要请最好的团队来创作，主演也要当红的一线演员，导演、摄像、化妆至少也得是国内一流的，这才能确保《画皮》的制作水准。仅这些，粗估一下投资就近一亿元，这个数目吓坏了包括杨洪涛在内的许多人。“知其艰难而为之”，不甘心的杨洪涛拿着以投资和借款的方式从宁夏广播电视总台借来的800万，凭借一场精心策划的开机仪式，便吸引了来自新加坡、香港的7家投资方的8000万资金。

2008年9月28日，《画皮》在全国各大城市公映。过客的音乐响起，拖沓的人声渐渐平息。黑暗中，一束强光在洁白的荧幕上出现：宁夏电影厂出品。观众席里惊叹声一片，而《画皮》之后的故事，人尽皆知。时隔四年之后，依托“宁夏制造、宁影出品”品牌优势出品的3D电影巨制《画皮Ⅱ》自2012年6月28

片场的杨洪涛

日全球公映以来，创造了15项华语电影票房纪录，最终国内票房突破7亿元，荣登当时华语电影票房排行榜历史第一位，将宁夏电影事业提升到一个全新高度，为华语电影探索出一条工业化生产和商业化运营的标准模式。

如今站在依然满院荒草的宁影厂厂区里，杨洪涛等人的内心不再“灰蒙蒙”的，他们向记者透露，最近厂里又有一部大制作影片杀青，制作团队依旧是《画皮》的原班人马，不久将在全国院线放映。而眼前的这栋记录着老宁影厂往事的厂区，新一代宁影人则希望保留下来，改建为摄影棚，从而结束宁夏无摄影棚的历史。

乔建萍/文

像草一样生长——宁夏流行音乐30年掠影

2014年，宁夏音乐人苏阳的纪录片《像草一样》推出，片子里，苏阳有一段这样的独白：我要带你去我的家乡，那里有很多人活着，也有一些人死亡，那里的花儿开在粪土之上，像草一样，像草一样……

事实上，苏阳的这段话，正是宁夏本土流行音乐30年历程的写照——像草一样，自生自灭；像草一样，顽强生长……

(一)花儿开在自家的土壤上

流行启蒙：从copy音乐和舞会伴奏起步

关键词：李元，郝建宁，孙继东，赵已然，赵牧阳

时间：20世纪80～90年代

要追寻宁夏本土流行音乐的起点，不得不将时间推回到20世纪80年代初。

那时候，在宁夏宾馆有个交际处，摆着桌椅是餐厅，挪挪家

伙什就变成了“舞厅”。每个周末，相似的一幕在这里上演：伴着《山楂树》或邓丽君的曲子，一些

西部枪手乐队

银川人在这里翩翩起舞。厅内有个小舞台，音乐由这里的伴奏者们发出。李元，便是其中一位。

改革开放的风显然已吹到了这个西部的小城。20出头的李元，喇叭裤、夹克装、尖头鞋，这是当时最时髦的装束。更时髦的是，他还抱着吉他玩音乐，开始在一些歌舞厅出入，伴奏。与他一块玩的，还有郝建宁、孙继东、赵已然、赵牧阳……如今这些名字在宁夏音乐圈里提起来，无人不知。

那个年代，流行音乐刚刚进入内地。一切只因为喜欢，学音乐出身的李元甚至辞掉了教师的职业。要生存，在当时靠舞厅伴奏显然不行。他走过穴，天南海北地演，吃住在舞台上……那个年代的乐手，许多都有过相似的经历。从copy音乐、扒磁带，到开始独立创作，他们成为宁夏流行音乐最早的一批开路人。

摇滚年代：一边是辛苦，一边是沸腾

关键词：苏阳，文征，欧旭东，透明，布衣

时间:20世纪90年代~2000年前后

在宁夏诗人张涛的记忆里,有一个关于他第一次遇见苏阳的片段。

苏阳

"那是一个夏天,在新市区郊外的一片菜地里,苏阳和文征他们正在一间小房子里练习。苏阳弹着吉他,长发过腰,眼神锐利……练习的地方,还放着一个破汽油桶当伴奏。"

这个片断发生的时间大概是在1995年前后,也是苏阳履历中"透明乐队"组建的年代。作为如今宁夏流行音乐的一个标志性人物,苏阳正在经历的是一个属于摇滚的年代。20世纪90年代初,大量的港台流行音乐混杂着各种各样的摇滚来到了宁夏。《新长征路上的摇滚》、小林克己的电吉他教材、打口CD、卡带……它们直接催生了宁夏音乐的另一个时段。包括李元在内的"西部枪手",还有随后苏阳的"透明乐队"更年轻些的"布衣乐队",成为这个时代的音乐符号。

张涛的那段记忆,在布衣成员欧旭东那里也得到了印证:"其实是个种菜的大棚,已经荒废,上面的塑料布破破烂烂,练

布衣乐队

习的房子就在大棚中间。我们在两边还穷开心地种了些花花草草，玩累了一帮哥们就坐地上抽烟、聊天……”那时，欧旭东他们还在最初的起步阶段，有时会在酒吧或饭店门口演一演，但“基本上都赚不到钱，就是玩，学了半天总得有个操练的地儿”。那是一个热血沸腾的年代，辛苦，甚至潦倒，但却不可妥协地沸腾着。

喧哗岁月：打破传统寻找新方向

关键词：朋克，金属，电子，李甲，刘森

时间：1997～2003年前后

“我们刚开始玩的那会儿，还没什么人玩(punk)。周伟、我、刘淼，把零碎拾掇拾掇，找了间破房开始排练，那会儿真是过瘾……1999年活动多，我们参加了几个比赛，什么奖也没拿，但是燥美了！在大武口演出，周伟一个飞铲，我的话筒架子就没了，还好他没铲我，否则我也飞了。X！这招儿太牛逼了……”

这段文字写于2001年左右，如今他的主人——李甲——“慈祥”地坐在记者对面。1997年之后，宁夏出现了一批朋克乐队，李甲和他的“泼皮硕鼠”便是，这在全国算是较早的，代表作有《革命》《日光兰》。

除了本地演出，李甲也试过与朋友一起去北京发展，但并没在那里待很久。后来他一边工作一边玩音乐，直到现在当了编剧，成了两岁娃娃他爹。他有他自己关于音乐的想法和生活。音乐仍是他生命的一部分，只不过换了一种方式存在。宁夏像这样的音乐人还有很多。

这个时期，大量的乐队纷纷出现，大致可归结为朋克、金属、电子等。苏阳后来在一篇文章里回顾："他们的价值在于破坏已经走向腐朽的传统摇滚模式……"而他自己，则在寻找新的方向。

突围新风：在蜕变与探求中向前

关键词：民歌，苏阳

时间：2004年至今

2004年8月，在银川贺兰山艾克斯星谷举行的"贺兰山摇滚音乐节"，苏阳的第一首歌是《新鲜的花儿开》。

"骑骡子呀吗上高山呀，上高山呀吗望平川那，平川里有那牡丹的花开鲜……这种完全用宁夏方言的腔调唱出的歌曲一时让我难以适应，因为我从中已经听不出苏阳原先锐利愤怒的金属风格。然而我很快就喜欢上了它……"这是一位乐迷在当年网络帖子里的记录。

"一开始我也有这样的心理，(认为)这应该能造成一种新鲜感，但后来我发现当深入地了解民歌时，你就会了解民歌的背后，了解它本身的魅力在哪里……"苏阳说。和他音乐发生的变化一样，这个时期的苏阳已经剪成干净的平头。

有音乐人评价，2010年之后，苏阳乐队的《像草一样》创立了乡土中国摇滚在崔健之后新的发展。2014年年初，苏阳签约摩登天空，成为当时继左小祖咒之后，与摩登签约的又一位老牌音乐人。

与此同时，这些年一直专注在北京发展的布衣，也已经站稳了脚跟。

（二）顽强生长的新一代

宁夏本土流行音乐，经过郝建宁、苏阳、布衣等音乐先锋的努力和付出，而今又拥有了一批新一代的音乐人。他们来自各行各业，曲风更加多元化，但和他们的前辈一样，那份对音乐的执着依然没变。

李夏

立東乐队：西北新民谣

成立时间：2006年

灵魂人物：李夏

宁夏本土原创民谣乐队不多，立東乐队是一支，也是目前宁夏乐手得到认可，并在北京很有名气的一支乐队。尤其是今年，立東乐队主唱李夏参加了《中国好歌曲》，他凭借一首重摇滚风的《今宵列车》，让导师刘欢激动推杆，似乎为宁夏流行音乐也做了证明。

立東乐队成立于北京，4个来自宁夏的年轻人，多年前由于共同的爱好走到了一起。这个爱好包括：摇滚乐、中国西北民间音乐、布鲁斯纪录片、摩托车、百利甜、臊子面、杰克·伦敦的小说等，属于小众口味，因此他们的组合更像是一本传奇小说。很多人都很喜欢立東乐队创作的《小牡丹》《河西》，里面糅合了“花儿”元素，不算浓重的西北口音往往会自然而然地带给聆听者亲切感，轻快的节奏中一段优美的大提琴独奏，又将这种西北情怀拉向深远。

如今，李夏的乐队主要在北京活动，他们已像前辈布衣乐队一样，成为一支职业乐队。

谣乐队：请你来听黑色幽默

成立时间：2013年

灵魂人物：王峥嵘

谣乐队成立于银川，他们用朴实无华的音乐描述着家乡的美丽富饶。单曲《你是猴子请来的救兵吗》让这支乐队在全国迅速走红。

谈起谣乐队的名字和风格，他们认为“一切都比较随性”，名字是由主唱的网名“不摇就滚”衍生出来的，乐队的风格则因为一个突然的想法。乐队成员解释说：“本来这是支传统的电声乐队，有一天，有人建议说加个大提琴和手风琴，会不会好点？于是，乐队就吸纳了这两个音乐元素，逐渐形成了自己的风格。”

单曲《你是猴子请来的救兵吗》连续获得豆瓣2013年11月、网易云音乐12月华语摇滚榜冠军。谈到这首歌，创作兼主唱王峥嵘笑言，是某天看《西游记》产生的灵感，主要是想通过歌曲诙谐地反映一些现实焦点和社会问题。现在，乐队已制作发行首张专辑《谣》。

王天天乐队：校园里走出来的英伦摇滚

时间：2005～2007年

灵魂人物：葛雷特

王天天乐队是一支由葛雷特、纳靖辉、段青、马凯和赵志颖5个80后男生组成的校园乐队。2007年，由于“灵魂人物”葛雷特出国留学，乐队在2007年参加完宁夏啤酒节的演出后解散。

吉他手葛雷特性格低调，但却像是三个人中间的军师，乐队大部分的歌曲都是他创作的，例如《将军》《夏天》和《亲爱的人，我们结婚吧》。葛雷特的创作功力一流，连本土乐手苏阳都曾赞赏过，闲暇时，他经常用一把吉他就能创作出许多好听的音乐。

虽然2007年乐队解散了，但他们一直在坚持用某种形式活跃在摇滚圈。2012年，王天天和独立歌手吴含合作，组成了新的乐队“王千千”，制作了单曲并拍摄了MV《喝酒吃肉》，词曲由葛雷特一人包办，他想表达的是“我们都该回到自己最本质的东西”。2013年，葛雷特和纳靖辉创立独立厂牌“黄金小镇”，创作了歌曲《一天的奇遇》,并在“宁夏制造”新年摇滚季上演出。

单声道乐队:年轻乐队的复古回袭

时间:2010年至今

灵魂人物:王旭/时洋

单身道乐队年龄和风格都更偏年轻化。2013年年底,他们在“银川好声音”比赛中,获得第二名的好成绩。严格意义上讲,单声道乐队的音乐风格属于流行摇滚,听上去不硬不燥,甚至怀旧的情绪更浓,有种复古回袭之感。

听单声道乐队的歌曲《半圆记忆》与《第一首歌》时,多了类似音乐人川子演唱的《今生缘》的感觉。吟唱与歌颂的主题,也不仅仅是爱情,就比如说他们最近录制的DEMO《直到世界尽头》,这是20世纪80年代风靡一时的日本动漫《灌篮高手》的片尾曲,在某一天,王旭他们把它重新编了曲,填上了阐述自己心情的词,听上去还真有点《老男孩》的味道。

单声道乐队和很多

玩摇滚的前辈们不同，现如今，他们已拥有了自己的录音工作室，因为他们坚信一个理念，“玩好音乐的前提，是得先好好活着”。

野骆驼乐队：爵士乐的玩家

时间：2010年至今

灵魂人物：吕凯

野骆驼乐队三人中，除了蛋蛋是娶了银川媳妇的山西人，其他两人都是银川人。听野骆驼乐队的歌，总有种宏大的感受在心中荡漾，仿佛前一秒你的心还是浮躁的、悲伤的，但下一秒，你便可以从音乐当中得到慰藉与平静。无论是《路灯》还是《快乐的流浪汉》，都能让你找到一种不拘泥于小情怀的音乐感受。

其实，几年前凯凯就在北京成立过一支野骆驼乐队。2010年，他解散了北京的乐队，回到银川。在遇见温磊和蛋蛋后，新的野骆驼乐队重新出发了。凯凯从北京回到银川后，感触很深。这种思想直接指导着乐队的音乐灵魂——更加关注弱势群体。“现在过节，我得想着老人和孩子了，没有责任感的人是飘着的。”

以前，野骆驼乐队的大部分演出是在凯凯开的“现场酒吧”里，但如今，因为人员不能及时聚，这两年，他们的排练少多了。最近，凯凯又加入了“西部枪手”乐队担任贝斯手，玩乐队的主要精力放在了那边。

日和怪兽:电子乐和“装傻卖萌”

时间:2013年至今

灵魂人物:杨阳

杨阳,一个普通得不能再普通的摇滚乐爱好者、EMO爱好者、嘻哈爱好者,自从他和朋友组建的乐队from sad to dead乐队解散后,他就和乐队吉他手刘通重新组建了日和怪兽。

如果非要用点什么来形容这支乐队,除了这是一支以电子金属为主的乐队,杨胖子称,这还是一支批判现实的乐队,只不过有时会装傻卖萌。

这支乐队的最大特点,应该是宁夏第一支将运动虚拟女主唱与真人合唱运用在一起的乐队。“虚拟女主唱是日本动漫红人初音未来,我们用一种软件转化人声,让她开口唱中文,有时候主唱也换做我的男生。”总之,这支乐队有关于一切电子乐和流行元素,还有搞怪的成分在,玩得比较小众,但却深得部分人喜爱。最近,乐队还给一个名叫《北京御宅》的电影配了乐。反正,只要有杨阳在,所有关于最新流派的音乐元素,他都会加在自己的音乐里。

李振文　冯元春/文

苏阳：我在北京也在银川

提起苏阳，银川的乐迷都会有些狂热。20世纪90年代初，他组建了宁夏第一支摇滚乐队，也被公认为宁夏本土最著名的吉他手。后来，他赴北京成为签约歌手。这些年来，他从银川到北京，用宁夏本地方言唱出了贺兰山下、黄河岸边那质朴的民间歌谣，以浓重的西北腔韵，加上唢呐、大鼓等民族乐器，打造出独树一帜的土根摇滚音乐流派。

2006年，苏阳推出了专辑《贤良》，直到现在还依然被人传唱："你是世上的奇女子呀，我就是那地上的拉拉缨。"这首歌之鲜艳生猛，就像劈头盖脸的一场暴雨，最适合现场感受。

2011年6月，银川的夏初，再一次见到苏阳。依然是朴实的平头，稍显单薄的身形，依然套着件标志性的黑色T恤。虽然40岁有余，却时时露出孩子般纯真的笑。不同的是，5年蛰伏，他带来了新专辑《像草一样》。

银川，总能让我更安静

每隔一段时间，苏阳就会从北京回到银川市西夏区同心街。吃碗正宗的搓面，那是他一天最舒坦的光景。“银川多好，惬意得很，羊肉这么好吃。”苏阳憨笑着说。

晚上的时间也会安排一些聚会。安静的夏夜，吹着小风，和圈里的哥们儿小酌几杯，叙叙旧，是肯定免不了的。对于苏阳而言，故乡就像一个“加油站”，能让他全身心放松、思维放空，平静地生活一段时间，而不是总处于上紧发条的工作状态中。

苏阳的媳妇是银川市秦腔剧团的演员。他觉得媳妇是个挺了不起的人，这么多年跟着他，聚少离多，但一直对他不离不弃。而且，孩子的事大多是她在操心。2010年12月24日，北京《星光现场》专辑首发式，媳妇作为表演嘉宾翻唱了一首《长在银川》，引起台下歌迷的尖叫声，也让苏阳和歌迷一起在心里感动。因此，如果他人在北京，每天必与家人通一次长途电话。每次回来，也都会尽量抽空多陪陪他们。“其实，我还是很关心孩子的成绩的，并不指望他能考第一或者前几，但至少他应该考上大学。”苏阳说。

苏阳此次回来，除了花时间为新歌的MV到盐池野湖岭采风，更重要的是，仿佛人的年龄越大，对故乡的眷恋也越浓。无论走到哪里，银川这座城对于苏阳来说，都是创作的滋养地，也是天空更高远、水色更温润的所在。

但是，这段时间待在银川工作，苏阳也感慨良多，他眼里的银川已经开始嘈杂起来了。他感觉，银川还是个安静的城市，有时，甚至希望它发展得慢一些。

土根摇滚，应该活得“像草一样”

苏阳不是第一个用方言演唱的当代歌手，但现在却是将其进行得最彻底的一个。从1988年写出自己的第一首歌，到之后在银川的小歌厅里用蹩脚的英语唱《BOBDYLAN》，再到2003年决定使用宁夏方言发声，这是一个漫长的过程。

“用方言唱，调调就不用发愁，它肯定会自然地往下走。”有一年，苏阳突然发现“歌是从语言上长出来的”。于是，在2003年年底，他用大约一个月的时间用方言写了包括《贤良》在内的8首歌曲。

如果说《贤良》只是“土根摇滚”的初探，那么，5年后，《像草一样》的推出，似乎更蕴涵着这种音乐流派的灵魂力量以及未来走向。

如果要用一个词来概括听苏阳歌的感觉，我可能会选择“美好”。因为这个词很宽泛，可以包罗很多感

觉。他的歌描述的不是荒凉的西北，更多的是一种情怀，就像苏阳本人一样，过于淳朴直白阳光，更接近人性本质。这种单纯是直接铭刻在骨子里、流淌在血液里无法被拷贝的原生态，却可以引起所有人的共鸣，这并没有城市与农村、先进与落后的区别，音乐的力量就在他的呐喊中渗入骨髓。

经历过不少现场演出的苏阳说，他最难忘的并不是“贺兰山中国摇滚节”，也不是“北京无名高地”演出，而是在一个秦腔剧团的演出，那里才是土根摇滚的土壤。

“那个舞台并不大，甚至很简陋，平时就是一帮老头老太太打麻将的场所。我当时专门找老板租了一天，按照他们以往的小公告，在门口的小黑板上写道：今天晚上苏阳乐队演出，演出人员谁谁谁。但因为音响声音太大，演出期间就有人投诉，110来了两次，但是都没有严厉要求停止，而是看完了才走的。20元的票没卖几张，门口全围的是人，屋里大多是朋友，但是门口半条街都是人。我从这些人的表情看出来他们是真的爱听，不是在凑热闹。因为他们听到的不是舞台上被阉割过的所谓民歌，他们听到的是几乎被遗忘的旋律。那次拍到的照片里有一个中年妇女，贴着窗户，神态太让人感动了。”苏阳说。

在北京，吸取更多的“氧气”

对于在北京的生活，苏阳觉得，他其实和普通人一样，工作的时间居多，但艰辛的是工作的过程。新专辑的每一个细节他都参与，从封面的装帧设计到英文对译、MV的导演，他都希望能用到国内最好的。

和稍显闭塞的银川相比，北京是个开放的城市，这是苏阳最大的感受。北京带给他很多新鲜“氧气”：在那里，他遇到了非常有“长者风范”的歌手老狼，在很多事情上帮了他；“二手玫瑰”的主唱梁龙，民谣歌手万晓利、李志，这些人和他私交都不错；他还有幸结识了“杭盖乐队”，开始对“土瓦”和“呼麦”这两种演唱方式产生兴趣。

这里还有来自不同国家、地方的人，不同的土壤带给他们不同的性情。印象最深的是：在北京，苏阳曾遇见一个追着他拍纪录片的英国人。英国人在北京的一个电影公司工作，片子一拍就是几个月。这让苏阳对英国人，甚至其间接触过的“说话算数”的上海男人印象良好。

但北京的生活让苏阳觉得太忙，有时甚至喘不过气来。“那些私企白领，每天忧心忡忡，除了房子、车子、现金和银行贷款，什么都不关心。这也是生活在大城市，非常现实的事。”苏阳说。总和这样的环境接触，他总会自嘲地想起，自己最初的梦想，实际上只是当个有编制的工人。

我永远明白，我家在哪里

在苏阳的专辑《像草一样》里，他以《你家在哪里》为题给专辑写了开篇语：“就像我们的父辈当初拼命要成为工人一样，现在我们拼命要成为城里人……贺兰山的落日，像母亲一样，召唤我们回家。但是，我们已经走得太远。”

苏阳

其实，这也是这段时期苏阳做音乐最想阐述的中心思想：从农村到城市，从银川到北京，城市化最大的问题是人和人之间的联系疏远了，价值取向变了。可无论走到哪里，我们都该明白“我们都是一滴水，带着家乡泥土的一滴水。一个人的核心价值是不该被收买的”。

几个小时的采访，让我深感，音乐是流淌在艺术家身体里的血液，苏阳的血液，应该一直是和他的土根摇滚联系在一起的。

在音乐圈，提起苏阳，大家都觉得他是个十分随和、好处的人，很少计较什么，很爱照顾别人的感受。即使现在的物质宽裕了些，但他还是会不太讲究地拿着筷子吃西餐，两把吉他对他来说已经相当够用。虽然他也希望别人能购买正版的《像草一样》，但从网上下载试听也并不妨碍。

苏阳还是个环保主义者，出门更愿意选择步行，这和那些吹毛求疵的艺术家相比，显得贼不“艺术”。我想，苏阳可能深深地明白，无论他的土根摇滚做到哪个阶段，他都深知家的方向，知道他的音乐来自故乡的泥土，自然要回到故乡的泥土里去。

冯元春/文

宁夏纪录片去哪儿了？

2014年3月22日下午3点，在文化街的一间视觉工作室内，宁夏独立纪录片导演查晓原正在播放他的获奖纪录片《虎虎》。到场的许多人是首次观看《虎虎》和接触宁夏纪录片。

看完《虎虎》，不少人将查晓原和他的《虎虎》评价为当下宁夏唯一的纪录片导演和唯一在外界获取影响力的宁夏纪录片。但事实上，大家的这种评价是失于偏颇的。因为宁夏的纪录片不会只被一个人和一部片子所代表，只不过是因为这些年，宁夏的纪录片正在经历着它的“人去楼空”。如此，记者不禁想一问究竟，宁夏纪录片都经历了什么？为什么会“人去楼空”？

诞生《沙与海》，宁夏纪录片的黄金时代！

说起宁夏纪录片的“黄金时代”，宁夏卫视副总监李军像是被拽进了一段回忆。李军说他差不多有20年时间没拍摄过纪录片了。20世纪80年代末90年代初，李军曾作为摄像进入宁夏电视台纪录片《沙与海》摄制组，该片的导演是康健宁，一个

纪录片《沙与海》剧照

宁夏纪录片史上无法绕过的人。《沙与海》在1989年荣获亚广联大奖，这也是中国有史以来获得的首个纪录片国际大奖。

康健宁，一个熟悉宁夏的人，善于用镜头表达小人物真实的生存状态。他执导的《沙与海》讲述的是在沙漠和海边的两户人家的普通生活。这个题材，在今天的纪录片市场来看，太普通了。但在当时——中国电视荧屏被《话说长江》《黄河》《丝绸之路》等超大气魄的纪录片充斥的20世纪80年代末，他是第一个将镜头聚焦小人物命运的纪录片导演。

当年亚广联评委会认为，《沙与海》使"人文关怀"这个要素首次出现在中国的纪录片里。《沙与海》让宁夏纪录片制作走在了全国前列。后来，宁夏电视台又接连拍摄了《阴阳》《期盼》《生活》《公安分局》《当兵》近10部纪录片，其中，《阴阳》还被誉为中国农村题材纪录片中最深刻的一部。有人曾这样评价《阴阳》：它就像一块大石头，谈当代中国纪录片没有人能绕过它。

近十年的空缺，宁夏纪录片缘何消沉？

"差不多有10年了，宁夏没有真正意义上的纪录片作品问世。"李军说这也是中国大多数省市电视台纪录片制作的一个普遍现实。就在中国纪录片的制作几乎处于停滞不前的阶段，西方各种类型的纪录片却在突飞猛进。而大众对纪录片的普遍认知，恰恰就是从这10年央视引进的国外纪录片开始的。受题材和播出渠道所限，宁夏电视台当年拍摄的纪录片拍完就进了资料室，无法播放，“无收视率，自然没有影响力，也没了关注度”。李军说，就连电视台内部对纪录片也少有专门经费。当年在拍摄纪录片时积累了丰富经验的摄像、执行导演都做起了电视台的其他栏目，需要完成台里布置的“创收任务”。

李军很敬重查晓原，因为他了解拍纪录片的各种寂寞的坚守和尴尬的窘迫。虽然他至今还有拍纪录片的热情，但要让他抛弃很多东西，义无反顾地去做，他说“我可不敢”。为什么？因为很少有人愿意花几年时间去拍个纪录片，没人愿意投资纪录片，也没人愿意去拍一部没有任何功利目的的纪录片……“所以，查晓原很棒！他是眼下宁夏唯一的纪录片导演。”

有坚持更多期待，宁夏纪录片何时复苏？

在银川新闻大厦6楼有间小小的办公室，门牌上标示着“银川市广播电视台纪录片工作室”。工作室成立于2011年2月。据说，类似的纪录片工作室目前在全国其他省市电视台都有设置。这主要是因为随着大众对纪录片关注度的提升，国际对中国纪录片拍摄采购机制的变化，让国家开始出台一系列相应政策，用以扶持和鼓励纪录片制作。银川电视台这间小小的工作室成立虽不过两年，但创作的纪录片《解放银川》《斗沙》《我们

纪录片《解放银川》拍摄现场

的节日——端午》《等待》已在全国纪录片的参赛中均有奖项入囊。“虽然如此，但是良好的纪录片制作氛围还没有营造出来。”银川市广播电视台纪录片工作室负责人李长海说。虽然是纪录片工作室，但工作室的大部分精力仍是用来承接各类宣传片、资料片等。虽然做的工作和纪录片制作相差甚远，但李长海还是从中看到了纪录片复苏的多种可能性。他已经开始尝试着用纪录片的方式拍宣传片、资料片。“纪录片的方式就是记录真实的人成长或事件发展的状态。”当然，这样的方式受众也未必都能接受，人们习惯了剧本拍摄，运用光影道具美化画面。即使这样，李长海说，他还是愿意去尝试，事实上电视台的很多档节目都已在尝试用纪录片的手法叙述事件，比如宁夏卫视的《印象宁夏》里就有纪录片手法的运用。运用这些手法的电视人说他们这是在积蓄纪录片的力量，等到宁夏纪录片真正复苏的那天，他们可以立即开工。

康健宁:拍纪录片很寂寞

康健宁,祖籍河北,1954年出生于宁夏一个干部家庭,从北京体育学院毕业后被分配到宁夏大学当了近10年的体育老师。20世纪80年代中期,康健宁转行进入电视行业。2004年,康健宁离开宁夏,去了央视,不过还是去做他喜欢的纪录片。

早有耳闻康健宁"不大好说话",果然,电话一拨通,刚说明意图,那头的他就发火了。"别和我提以前的纪录片奖项,我就不相信,一个纪录片获了个国际奖,它就是一颗钻石了,就是什么里程碑了? 这么多年了,还在说!"据当年宁夏电视台他的同事说,在电视台工作的时候,康健宁从来不在这样那样的场合出风头,经常从单位彻底消失,少则数月半载,多则两三年,即使回来了,也很少说自己出去做了什么。康健宁曾对有关媒体说过,拍纪录片是件很寂寞的事,要耐得住寂寞。没有风头出,也不求被人注意,只有自己对自己的要求而已。康健宁认为,通过对纪录片中人物的展现,实际上也是编导在寻求个人化的表达方式。

康健宁(右)在拍摄现场

拍《沙与海》的时代在康健宁看来是一个思想解放的年代,也是他做出最多个人表达的时代。所以，在《话说长江》《黄河》《丝绸之路》等纪录片充斥电视荧屏时，康健宁异军突起，拍出了《沙与海》，也让他成为全国第一个关注小人物的喜怒哀乐、生存命运的纪录片导演。离开宁夏进入央视后，康健宁的纪录片视线开始转向更为"广阔"的领域，开始展现出他对大型"命题作文"的强大的操控能力。《景德镇》《改革开放二十年》《20年20人》《晋商》《唐之韵》《大国崛起》《复兴之路》《百年世博梦》《法门寺》……这类重磅系列纪录片让他声名远播。

为什么会有这样的选择与变化?"我也经常叩问自己。"康健宁说道，"但仔细看一下我做的这些大的、带有命题性质的东西，之所以能坚持下来，有人能够想起我来，有一定口碑，还是因为其中有着不同程度的个人表达。看似两种性质不同的东西，却有着内在的关联性。"

康健宁

现在，康健宁越来越喜欢拍摄历史文化类的纪录片，他觉得这样的东西"有内涵，有情怀，风险少"。但是，他认为和20世纪80年代相比，现在的纪录片拍摄投入越来越大，但总的来说与时代进步同步的纪录片不多。"所谓纪录片环境，最重要的是言路。"

重提宁夏的纪录片,康健宁认为,就纪录片题材而言,一个区域省份没什么优势劣势之分。关键在有没有思想能力、技术能力表达,当然财力倒是可以分出来优势与劣势的。"至于宁夏该关注哪类题材不是我该说的话。"

查晓原:因为熟悉,所以自然

查晓原,1957年生于四川,1982年后生活在银川。2004~2005年自费到宁夏海原县九道村小学支教,并拍出了圈内人士都感到"颤栗"的几部纪录片。其中,《虎虎》一片获首届"凤凰视频纪录片大奖"的"最佳纪录长片奖"。

记者:查老师,您对自己是如何评价的?

查晓原:我算是个拍纪录片的人吧。我没有公职,也就没有忙着完成各种任务,所以有时间蹲在一个山沟里拍上两三年。

记者:您的作品,包括《虎虎》《老马》《两个人的村庄》都是反映西海固百姓如何生存的。是您只对这类题材的纪录片感兴趣,还是外界对这类题材的纪录片感兴趣?

查晓原

查晓原:外界的兴趣从来不是我关心的,我感兴趣是因为我熟悉他们,我可以拍到他们最自然、最本真的生活状态,只有他们不拿我的镜头当回事。能拍到真实的东西才是我拍纪录片的最高追求。

记者:近期打算涉猎城市生活题材的纪录片吗?大众对发生在自己身边的事更关注,而且城市生活你也熟悉。

查晓原:有这个打算,但是估计会比较难。因为城市人包裹得太严,警惕性太高,很难交心,不能与拍摄对象交心,便很难拍到真实的东西。这也是为什么纪录片难拍的原因之一。

李长海:有人的地方就有素材

李长海,1969年生,银川电视台纪录片工作室主任(本次采访时职务——编者注)。

记者:宁夏的纪录片,您了解哪些?它们是否影响了您对纪录片的认知?

李长海:我对宁夏纪录片的最初认识来自康健宁的《沙与海》,这部片子的叙事真的很讨巧,文学作品里"双线并进"的方式在这部片子里运用到了极致。片子拍出来不久,康健宁作为宁夏大

工作中的李长海

学特邀老师给我们授课，谈到纪录片拍摄时，他提到纪录片的“感觉”，对我影响颇深。但是，康健宁式纪录片的“感觉”不是想当然，他强调的是纪录片要摒弃一切矫饰，还原纪录片的“真实”本质。

记者：现在纪录片拍摄的题材很广泛，涉及人文、历史、百姓生活等诸多方面，您认为宁夏拍纪录片是否有其独特的题材？

李长海：不是说宁夏就会有宁夏独特的素材，而是有人的地方就有独特的素材。两地的人与水土不同，为什么不同？又产生了什么样的色彩？如果相同，又有什么样的渊源？人或者世界无非就是同与不同，哪怕是相似都有文章可做。

记者：您现在在努力尝试用纪录片的方式拍资料片，甚至宣传片，那么对方对你的这种拍摄手法能接受吗？

李长海：我有时会在作品里注入、推广纪录片元素，其实是一种无奈之举，结局有时也会很无奈。事实上，这种推广时常以无效告终，因为人们不熟悉真实的表达。另外，今天的纪录片的诸多“变种”，也伤害了人们对纪录片的认识。在纪录片市场化的今天，出现各种变种恐怕也难免，就好比广告，现在越做越像微电影，也有很多纪录片越做越像广告。

乔建萍　樊昊晟/文

六盘山、凤凰、贺兰山——那些年的本土汽车

说起造汽车这样的“高科技”，你大概没想到宁夏。然而鲜为人知的是，宁夏人不仅有过自己的汽车工业，而且从20世纪70年代就已起步。从1970年的“六盘山”卡车，到20世纪80年代的拖车制造，还有农民企业家造出的110辆“贺兰山”，宁夏汽车曾经演绎了短暂的“辉煌”。

1970年：银川“六盘山”牌卡车出厂

每个工作日，59岁的邱仲明都选择乘公交去上班。他供职的单位是银川昌昊汽车工贸有限公司，是个成天和车打交道的单位，前身为原银川汽车修配厂（以下简称原汽配厂），曾是交通厅下属国营企业。邱仲明的父母就是原汽配厂汽车修理工。

按说一家人、一辈子都在和车打交道，对车的感情自然该深厚几分，但邱仲明却告诉记者，他不喜欢车，所以连开车都不想去学。为什么会如此？邱仲明的心结恰恰就和银川制造的

1970年，银川汽车修配厂造出的“六盘山”牌卡车

第一辆卡车有关。

1970年左右，银川街头偶尔驶过的一辆汽车常常会惹来人们的观望或追逐。那一年，为向1970年的国庆献礼，原汽配厂接到上级指示：自造7辆卡车。自从开始造汽车，刚上初一的邱仲明的脑海里就只有一个记忆：父母没日没夜地加班，家里到处弥漫的是让他头昏脑涨的机油和汽油味。

卡车还没造好，名字却早早就定了下来，叫“六盘山”。车按照解放牌卡车的图纸加工制造，当时还没有出现“知识产权”概念，全国各省造的汽车，虽然名字不同，但车底盘、发动机、构造图纸，基本全是参照解放牌卡车的。

别看就造7辆“六盘山”，在宁夏当时却有30多家工厂参与，原宁夏长城机床厂、原西北轴承厂、原长城铸造厂都参与了“六盘山”的某个零配件的制作和加工。

1970年10月1日，邱仲明记忆深刻。那天，经父母之手造出的7辆“六盘山”披红挂绿，在人们的敲锣打鼓声中，从原来的新城一直开到了解放街。从此，邱仲明与伙伴们的言谈中，便多了个炫耀的资本，“我爸妈是造汽车的”。但也仅此而已，因为他确实不喜欢弥漫他整个童年的那股刺鼻的汽油味儿。

1971～1984年：
宁夏兴起汽修及拖车制造

7辆“六盘山”的出厂并没有引起银川人造车的热情。为什么？因为车子造价太高，据宁夏交通史志专家鲁人勇分析，当年的“六盘山”造价估计至少比同类解放牌卡车要高出一倍，但售价却远远低于解放牌卡车。当年，一辆解放牌卡车售价1.2万元左右，而“六盘山”只以接近9000元的价格卖给了当年的商业局，专门运输百货。

这之后，十几年的时间里，银川的汽车制造业几乎停滞。但在那十几年，却催生并发展了一些和汽车相关的新兴行业——汽修及汽车改装。

那个年代造的汽车，即使是东风牌卡车这样的大牌，也经不起长途跋涉、道路颠簸、年代损耗，小修大修、拆拆装装是常有的事。这一点，从《宁夏交通史》中反映的一组数据可证实：20世纪80年代，银川市有3大国营汽车修配厂；各运输公司、车队的保修车间、保修组有近百个；到1984年，随着市场需求量的增多，银川市还出现了百余家个体汽车维修企业。汽修从业人员达数千人。

鲁人勇回忆，20世纪80年代，银川的个体汽车维修企业主要遍布原老城区东环路两侧，老板和售货员都是“货真价实”技术过硬的国营机修厂的技工。

改革开放之前，国产车的供应还是吃紧，为此，银川出现了造拖车以提高效益的事情。于是，原汽配厂又成了拖车生产的行业老大，曾在5年时间里生产了476辆既适宜于解放牌车也适宜于东风牌卡车的拖挂。1988年以后，因全国车辆供应充足，大吨位车也增多，银川拖车制造被市场淘汰。

1985年：
汽配厂生产“凤凰130”货车

1984年，虽然对车不感兴趣，邱仲明最终还是接了父亲的班，成了汽配厂的一名工人。在当年汽配厂的老厂长李云桂、总工程师李国汉的带领下，邱仲明也参与了一项和父母造汽车一般重要的事情，1985年生产了5辆凤凰130双排载货车。

在邱仲明的帮助下，记者终于找到了当年制造凤凰130双排载货车的核心人物：李云桂和李国汉，如今他们都已75岁了（采访时——编者注）。据二人介绍，凤凰130双排载货车车型类似今天的依维柯车，“但不要小看这个‘凤凰’，它可开创了银川汽车改装批量生产的历史”（李云桂语）。所谓凤凰130双排载货车，就是利用北京130型汽车三类底盘改装的双排座货车。1984年改装成功后，次年，经交通厅技术鉴定，准许批量生产。“这也就是说，我们可以大批量生产属于我们自己品牌的改装车了。”李国汉说。

然而，相比其他省市，银川还是信息闭塞，对自己而言的新鲜研发产品，于外地是已时过境迁的产物。新“凤凰”仅仅生产5辆，便“寿终正寝”。同年，原汽配厂又调整思路，还是在北京130车底盘的基础上，又改装6辆流动图书车，但最终还是因为市场销路问题，批量生产该车的计划再次“胎死腹中”。

1984～1987年：一个农民造出了110辆“贺兰山”牌汽车

1981年，国家刚刚允许个体进入汽修和汽车配件销售行业，原贺兰县四十里店公社桃林大队的一位农民就立即开办了自己的“贺兰汽车改装修配厂”（以下简称修配厂），此人就是陈秀华，也是记者此次采访中被每个采访对象提到的名字。只是，这位当年缔造过汽车制造传奇的“全国农民企业家”，如今已不知所踪。我们只能从人们的口述和记忆中，再现陈秀华和“贺兰山”牌汽车的往事。

陈秀华的修配厂就在原109国道前往贺兰四十里店的东北角，仰仗着极佳的地理位置和大片的农田，陈秀华的修配厂开得顺风顺水。1984年9月，陈秀华从过往司机口中得知国产轻型客货两用车市场上供不应求。于是，他大胆与宁夏交通科研所联系，决定利用北京130底盘改装“贺兰山”牌客货两用车。没想到新车一面市就供不应求，到1987年，一个小小的个体企业居然生产了110辆“贺兰山”，使得厂子效益一下子提升，声名大噪的陈秀华也于同年荣获“全国优秀农民企业家”称号。

此后，由于该车型更新慢、同类型车型充斥市场、车辆造价成本过高等因素，“贺兰山”牌汽车最终渐渐退出汽车市场。从彼至今，银川再无他人染指汽车制造业。

乔建萍/文

“102”，远逝的宁夏军工企业记忆

“102”的命运遭际，应是一份完整见证宁夏三线建设的无字档案，是完整目击贺兰山深处的工业记忆……

如果把人类的历史浓缩成一天的话，工业文明不过是其中的几分钟，而中国的三线建设就是这几分钟里很特殊的几秒钟。1964年到1980年，中国中西部的13个省、自治区进行了一场以战备为指导思想的大规模国防、科技、工业和交通基本设施建设，史称“三线建设”，宁夏也是三线建设的地区之一。

“靠山、分散、隐蔽”和“进洞”的选址原则，使落地宁夏的三线企业隐秘在大山深处和历史的视线之外，国家军工企业西轴（当时以军事代号称之为“102”）就是宁夏三线企业的代表。最鼎盛时期，有近3万职工、家属在那里过着军工企业生活，那些生活情景因为保密，是不见于报端的。他们和外界通信使用的地址也是“宁夏银川‘102’信箱”。

1992年，走出贺兰山的西轴给大水沟留下的是一片永久的记忆和神秘，外界对其留在深山里的生活很少知晓。2011年年初，一部由李幼斌、李乃文、朱亚文等实力派演员主演的电视连续剧《爱在苍莽大地》热播，由于该剧取材于当年贺兰山下的三线建设，再次勾起了人们揭开贺兰山下当年三线建设谜底的强烈欲望。

铭记一份工业遗产

“102”撤出后，大水沟的南沟因为植被较好、水源充足，被放牧人相中，羊圈和果园走进了昔日的厂区。贺兰山封山禁牧后，牧民退出山沟，这些羊圈和果园遂被废弃，而那些工业气息，也逐渐散失在山谷中了。

“102”伴随的那段特殊岁月已经悄然离去，和那时众多的三线企业一起为刚刚离去的时代提供了一份记忆。作为军工企业，它们的使命和价值都结束了，同时，承担了它们作为工业遗产的角色。在国外，20世纪70年代就形成了较为完整的工业遗产保护理念；在国内，“798”变身为艺术家圣殿的事例为工业遗产在时下的角色之变提供了鲜活案例；而在宁夏，工业遗产保护和利用还是一片空白。

站在空旷的大水沟，看到那些逐渐消失殆尽的厂房旧址，走进现在的西轴厂区和家

属区，听到那些老“102”人的回忆或喟叹，我深感“102”被历史遗忘的悲哀。“102”的命运遭际，应是一份完整见证宁夏三线建设的无字档案，是完整目击贺兰山深处的工业的记忆。从这个角度而言，它有什么理由不能成为宁夏工业旅游或工业遗产的主要角色呢？

大水沟内，几十年前的“102”

出银川城西行至贺兰山下，顺着沿山公路往北，车驶至石嘴山市下庙乡境内，一座采用西夏建筑外形的“爱卿加油站”显得十分突出，一条煤渣铺成的便道从山里穿越而来。这座连接省道110线和煤渣路的加油站，就是进入大水沟的指示牌。沿着煤渣路往西而去，逐渐进入大水沟，干枯的荒山让人感觉仿佛进入了无人区，令人无法想象这里曾经是一个几万人的大型军工企业的厂区。在坎坷不平的便道上行驶约10分钟车程，隐约看见沟口两侧破败的建筑，那是30多年前这里最繁华的地方——供销社。如今，只有依稀可见的“大水沟贸易商店”字样，空忆当年的红火景象。供销社后面一排排的废墟是当年的家属房，上万名职工家属就在这里生活，远处则是当时的影剧院，那是当年许多年轻人找对象约会时的首选之地，也是带给老西轴人精神食粮的主要地方。

走进大门后，昔日成排的居民住宅、有序的厂房以及办公区已成一片片废墟。20世纪60年代初期，为响应党和国家“备战、备荒、为人民”的号召和“靠山、分散、隐蔽”的方针，由辽宁瓦房店轴承厂大批老职工和北京知青以及全国各地大中专毕业生、部队转复军人组成的建设大军，纷纷聚集在贺兰山大水沟畔，创建了大型军工企业。出于军事保密需要，企业对内、对外一直称呼“102”，厂区对外的通信联系地址是“宁夏银川‘102’信箱”，直到20世纪70年代末才开始逐渐弃用。

携家带口的企业移民

我在今西北轴承有限公司的有关部门找到了当年“102”建设的部分原始资料，透过那些发黄的纸页，掩隐在贺兰山深处的三线军工企业的落地情况浮现而出。1965年9月4日，中国第一机械工业部按照国家“三线建设”的战略部署，决定将辽宁瓦房店轴承厂搬迁至宁夏，建设代号为“102”的西北轴承总厂。1966年2月，西北三线建设会议决定“102”总厂厂址选在青铜峡大坝地区，经过两个多月的努力，建成了临时的水、电、路及部分平房等设施。5月13日，中国第一机械工业部副部长周建南来到宁夏视察“102”建设情况，经过几天的调查，其认为青铜峡风沙大、未能靠山隐蔽。经过一个月的再次勘察，1966年6月25日，“102”厂址正式选定在贺兰山的大水沟。

1966年12月中旬的一天，30岁的徐维宏接到前往宁夏建设“102”的通知时，正在瓦房店轴承厂的工具车间负责厂里的一项技术革新，他和厂里的其他5名技术工人安置好家后，就动身前往陌生而遥远的西北。“在银川报到后仅仅住了一个晚上，就被一辆大汽车拉到大水沟，开始建厂。”他们住的先是“干打垒”的土坯房，后来到贺兰山打荆条、进山挖煤、烧石灰、采石料，盖起了近1万平方米的宿舍。

继徐维宏之后，从瓦房店轴承厂抽调的800余名技术骨干连带家属等三四千人，从1969年到1970年，带着简单的家当，几家人一个车皮，乘坐一个星期的火车后，来到大水沟。徐维宏的爱人赵炳荣回忆起那一幕时忍不住流泪："火车出北京后不久，满眼的荒凉让老人们的心情越来越糟糕，过了包头，不少老人都流泪了。"她到大水沟时看到的是刚刚建起来的厂房和屈指可数的民房，建筑工地可谓一片杂乱。家属们先是在贺兰山东麓的西大滩上搭建简易的住房，后来陆续进山，在山坡上修建住房。新建的住房因为临坡而建，门槛很高，职工们每天都早起，利用上班前的时间到沟底挖土运到门槛前，逐渐使各家有了小院落。

昔日工厂大门

厂里的卡车一星期到银川拉一次菜，家属常常吃不上新鲜的菜，便在山坡的石头堆上开垦菜地，然后从山下拉来土垫上。春天，大家想方设法从外面买来蔬菜种子，到夏天，山坡上的蔬菜地里柿子红了、茄子紫了、白菜绿了，不仅给枯黄的大水沟增添了生机，也解决了职工家属们的饮食问题，温暖的烟火气息使贺兰山深处充满了温馨。

后来，经过两批抽调，“102”的职工扩展到8000人，加上家属接近3万人。为了解决职工及家属、子女的诸多生活问题，大水沟里兴建了厂办的学校、医院、商店、剧院，俨然是一个小社会。职工子女在厂办学校几乎免费地接受了从小学到高中的全程教育。

1970年，工厂终于正式投入生产，完成了38.7万套轴承生产任务。此后的10多年间，工厂因产品质量、交通运输、水源、运输成本等问题而一直亏损，1981年、1982年连续亏损，年亏损额超过199万元，成为宁夏的亏损大户。

20世纪80年代，在市场经济的大潮下，企业开始向银川西郊搬迁，1992年，终于完成厂址的整体搬迁，对外也逐渐亮出了一个企业的名称——西北轴承厂。

唐荣尧/文

寻枪宁夏

在中国，枪与人们的生活之间隔着不容亵渎的法律。枪之威让人心生畏惧，枪之魅又让人满心好奇。现在，好奇之人对枪的想象与猜测，可从亮相自治区公安厅警察博物馆陈列室的180多把老枪中得到些许满足了。老枪中不乏世界名枪，也不缺身世传奇的有故事的枪。展示之余，一个个宁夏历史的相关片断也一一浮现。

“一枪二马三花口，四蛇五狗张嘴蹬”

位于公安厅办公大楼14楼的警察博物馆陈列室（以下简称陈列室）内，大大小小的枪支占据了三面墙壁，虽然有橘黄色的灯光洒满墙壁，但枪支的投影依然让人心生些许寒意。

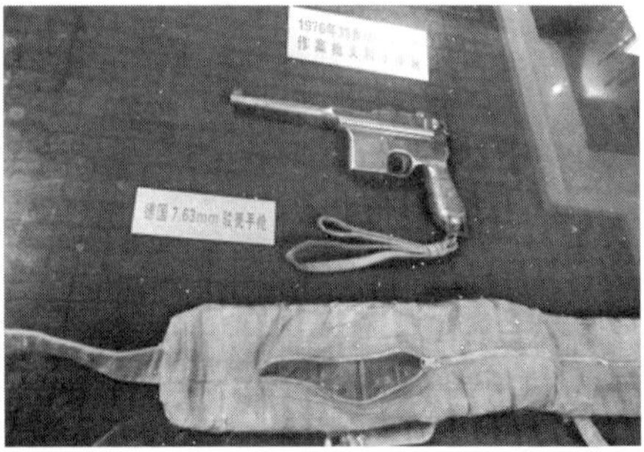

在不懂行的人眼里，枪支无非大小长短、手枪机枪之别，但在行

家眼里，从一个小小的枪标、一串枪号里便能得知枪支不凡的出身和它经历过的历史风云。警察赵培尧就是一位枪支行家，熟悉陈列室里每一把枪的来历。“一枪二马三花口，四蛇五狗张嘴蹬”是中国人根据枪标或枪形来形容六种世界名枪的一句顺口溜。赵培尧常把这句顺口溜挂在嘴边，向每一位参观陈列室的人介绍。

六种世界名枪，除了德国蛇牌撸子，其余五种，陈列室里都有收藏，而且不止一支。一枪指的就是人们常赞叹的勃朗宁M1900手枪；二马是美国柯尔特M1903手枪；三花口是勃朗宁M1910型手枪；蛇牌为德国索尔袖珍手枪；狗牌为西班牙袖珍手枪，中国人称其为“三块铁”，形容其简单粗糙的做工；张嘴蹬是德国M1934型7.65毫米手枪，从枪口前看该枪，果真如一只张开的嘴。

名枪现宁夏，各有传奇故事

那么这些名枪和宁夏的关系是什么？他们又是如何来到宁夏的呢？

熟悉枪支来源的赵培尧介绍说，名枪之所以能出现在宁夏，主要是历史原因造成的。陈列室展出的枪械，主要有三个来源：一是1951年宁夏解放时，中国人民解放军收缴而来归当地公安机关管理的各种枪械；二是进入和平时期后，来宁工作的干部上缴的枪支；三是还有极少量从民间征集而来的枪支。

这样简单笼统的枪支来源介绍，读者听着显然不过瘾，枪和它的持有人之间发生的故事更耐人寻味。为挖掘枪支背后的故事，赵培尧颇费周折。2007年，他到固原征集、抢救、保护公安文物任务时，一位老民警告诉他，新中国成立后，固原的第一任公安局局长夏生秀曾持有一把"宝枪"。不过这个线索很快就断了，因为2007年老局长已去世，固原县管理枪支的警察也换了几茬，关于这把枪也无其他有效信息，但赵培尧却把这把枪牢牢记在了心里。

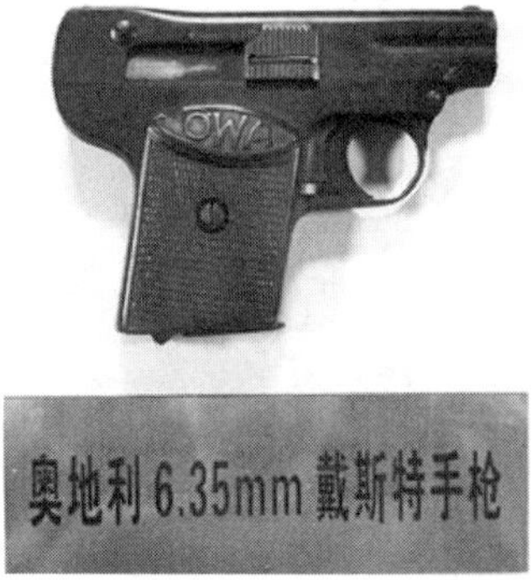

时隔6年之后，老局长的枪居然找到了。原来，2013年赵培尧从市公安局同事那里听说，市局枪械库里存有3把老枪，便寻了过去，发现了一把奥地利戴斯特袖珍手枪，一把美国史密斯—韦森左轮

手枪，一把中正式步枪。在按照枪号查寻枪支来源时，赵培尧发现那把美国史密斯—韦森左轮手枪居然就是固原第一任公安局局长佩戴过的枪支。该枪是由老局长在银工作的儿子上缴的。为怀念老人，老局长的家人保存了那把枪的枪套。

比利时、6.35mm勃朗宁手枪

同年，赵培尧在公安厅枪械库里，按照枪支编号还找到了1958年宁夏回族自治区成立后的第一任公安厅厅长黎光所佩戴的一款比利时勃朗宁袖珍手枪。由于此类枪存世极少，加上枪主人身份清楚，这些因素使得这支比利时勃朗宁袖珍手枪当之无愧地成为公安厅警察博物馆陈列室的镇馆之宝。

枪号12095驳壳枪，一把罪恶之枪

在陈列室里，还有一把德国毛瑟驳壳枪，枪号为12095，枪体乌黑阴森，令人望而生畏。和其他枪支只是展示单体枪支不同，这把枪的旁边还有一手工缝制的布枪套，手工缜密，不知缝制它的人当年是怀着怎样一份复杂的心情。

德国6.35mm毛瑟手枪

这把枪沾满罪恶，最后一个持有者便是案犯刘善斌，1977年他和同伙密谋枪杀了3名银川刑警，此案震惊全国。

如此嚣张的案例，宁夏公安人都牢记在心。自2007年，着手筹建公安厅警察博物馆的赵培尧就开始留心这把罪恶之枪，为此还有意识地从公安厅刑侦总队翻拍了不少当年案发现场的照片。但是由于年代久远，加之之前的枪支登记上存在的不足，赵培尧的寻枪之路近10年里一筹莫展。

2013年一个平常的午后，赵培尧来到公安厅枪械库房，开始整理一大堆报废的枪械。这样重复枯燥的工作历经了6年之久，可每次做时，赵培尧都心存期待。这次没有让他失望，他终于从库存的66把德国毛瑟驳壳枪中发现了刘善斌当年所持的凶器，编号为12095的那把手枪。

但在案发现场的图片上，赵培尧还发现有一条布制的枪套，据说是刘善斌的妻子李素萍为其缝制而成。枪在，枪套应该也在。功夫不负有心人，终于在墙角的一个杂物柜里，赵培尧找到了这条同样写有故事的布枪套。

公众有望目睹更多老枪

1958年宁夏回族自治区成立后第一任公安厅长所用枪支，固原县第一任公安局长所持枪支，新中国成立之后轰动全国的大案案犯的凶器，再加上林林总总的公安其他档案……有了这批数量可观、种类各异的名枪，这就基本具备了建立一座行业博物馆的文物支持。

据赵培尧介绍，由于陈列室面积所限，目前展出的只是少量比较有代表性的枪支等公安文物。更全面的公安文物，可能需要3000平方米~5000平方米的展馆面积。不仅如此，作为公安文物之一，枪支等公安文物的保护不仅需要恒温恒湿的环境，还需要更为严密、安全的安保监控措施，这些都制约着目前的陈列室成为一个合格的单厅博物馆，也一定程度上加大了公众了解公安文物的距离。

不过，赵培尧透露，或许很快，宁夏就会出现一座新的公安博物馆。在那里，公众将会看到更多的老枪，听到更多的老枪背后的故事。而作为一个公安人，他更希望这座博物馆不仅仅只是满足公众对枪支的猎奇心理，而是能在它的背后，体会一颗对法律的永久敬重之心。

乔建萍/文

宁夏航空80年

2014年9月，银川河东国际机场三期扩建工程已经开工了。项目竣工后，河东国际机场飞行等级可提升为4E级，这标志着一个宁夏机场运营大飞机时代的来临。此时，我们不妨对宁夏航空走过的80年历史稍作回望。

西花园机场——新中国成立后宁夏民航起飞处

9月2日傍晚，银川怀远路金波街口附近，75岁的张震彪在街边慢悠悠地走着。在他身旁不远处是一处新近开业的商厦。簇新的楼宇高高耸立，络绎的顾客进进出出，一派市井繁华。

20世纪80年代末的西花园机场

如果时光回溯，张震彪的记忆里是

一幅完全不同的场景：20世纪60年代，他从上海初到宁夏，就住在附近。那时，这里是飞机场所在地。机场外的石子路还没有命名（如今叫怀远路），弯弯曲曲，高低不平。机场周围除了荒地、湖泊，一片空旷。

20世纪60年代末的西花园机场

因为离家近，张震彪常来附近溜达，抱着孩子看飞机升降。那时航班不多，但总有几班在傍晚时分抵达。他们就这样看着航道边的领航灯，看着机身下一闪一闪的彩灯……那是记忆里一段忘不了的片段。

张震彪记忆里的机场，银川人一般叫它西花园机场，初建于1936年。而1958年银川航空站的正式通航，也使这里成为新中国成立后宁夏民用航空的起飞之处。

东昌机场——出入只能坐牛马大车

张震彪的记忆徘徊在20世纪60年代，但宁夏航空的历史还可以向前追溯。鲁人勇，宁夏文史馆馆员，《宁夏交通史》一书主编。在他的介绍中，宁夏航空的开端可以追溯至1934年。

1933年，当时的宁夏省政府提出了发展航空的计划。1934年春，在击溃孙殿英部后，宁夏开始组织兵工、民工，在银川之东20公里的东昌（今通贵乡境内）修建机场，并于当年6月起降

如今的银川河东机场

了飞机。然而，草草修竣的东昌机场，地处黄河岸边，地势低洼，常有积水，且只有一条高低不平的车道通往省城，交通极为不便。据说当时的旅客及机场工作人员、警卫，出入只能乘坐牛马大车或者干脆骑毛驴。因此，当时飞这条线的航空公司飞宁几次后，即要求另建机场。

这次机场的地址选在了满城(今西夏区内)。这是一个更为“尴尬”的机场。不仅因为开建时此处为满族聚集地，迁出之举让居民叫苦连天，而且在机场竣工后，因跑道太短，只能起降小型飞机。无奈，只得于1936年在满城之西近3公里处另建机场，也就是开篇所说的——西花园机场。

范长江乘飞机来宁夏——机上仅4人

在宁夏航空史上，特别要提到的是欧亚航空公司。这是一家1930年国民政府与德国汉莎航空公司签订合同组建的航空运输机构。据鲁人勇介绍，1934年6月降落在宁夏第一座机场东昌机场的飞机，即为此公司航班。

著名的《大公报》记者范长江，1936年由包头飞抵宁夏，乘坐的也是这条航线的班机。然而，当时的航运情况范长江在

《塞上行》中写道：机上乘客仅4人。1937年1月27日再飞兰州，同机只有欧亚航空公司副经理瓦尔特一人。

1936年后，除银川西花园机场之外，国民政府还于1943年秋命令宁夏省政府修筑两座军用机场。其中，韦州机场仅修了飞行跑道，其他设施“拟定明春再修”。而原定在平吉堡修建的机场，也仅“测量峻事，未曾施工”。此后，又曾将同心城边一块空地略加整理，变成军用机场。

这些民用、军用机场的设备落后，跑道全系土质。它们直观地反映出了新中国成立前宁夏航空的简陋模样。而这一阶段民用航空的航线、航班，1949年以前也是时断时续。欧亚航空公司营运不过4年多，曾在当时由银川饭店代办售票业务的中国航空公司，航线维持连一年都不到。至于航空所服务的对象，也主要是军事、政治，其次才能兼顾邮政通信和富有阶层的行旅往来。对当时宁夏的普通民众来说，坐飞机是无望企及的事情。

从西花园机场到河东国际机场

固原六盘山机场

1958年10月，随着中国民航一架客机平稳降落在西花园机场，银川航空站正式通航。然而，限于当时的条件，相当长一

中卫沙坡头机场

段时间内，西花园机场依然落后。在鲁人勇的印象里，当年的机场由于是在旧机场的基础上建起的，没有考虑到地势低洼、湿地包围的情况，因此石子路面春季回暖翻浆，下雨天则会积水，飞机有时不得不因此而转降他处，甚至停航。

一组统计数字也可为那时的航空情况下一注脚：1958年10月至1982年6月，宁夏仅开通北京—包头—银川—兰州1条航线，仅有航班22个架次，每年的运送量只有100至200人次。

20世纪80年代后，改革开放逐步推进，西花园机场也迎来了最风光的一个时段。经1986年和1988年两次扩建后，西花园机场达到了其发展顶峰，可直达北京、西安、太原等各大城市。

1995年，出于经济和城市发展的需要，此前已历经数年、几次选址的银川河东机场终于正式开建，于两年后竣工并运营。西花园机场同时也宣布关闭。此后，历经2005年至2008年的二期扩建，再到如今的三期扩建开工，现代化的河东机场步步升级。与此同时，随着盐池机场、罗山机场的开建，以及拟建中的沙湖机场，再加上沙坡头、六盘山机场，宁夏未来的机场数目有望达到6个。走过80年历程的宁夏航空，已然掀开了一个全新的篇章。

李振文/文

那些年，我们造过的拖拉机

2014年9月，银川兴仁巷西段南侧，一处建筑工地正在忙碌施工。这里曾经是一座老厂子的家属区，随着可预期的下一组新建筑的崛起，这座老工厂的所有痕迹也将从这座城市里彻底消失。而它所牵连的，是一段宁夏本土拖拉机制造的往事，这往事曾给这片土地带来过许多风光的时刻，以及许许多多发生其间的人与故事。

火红的“宁夏制造”，由临街的厂门一串串开出来……

受访人：陈晓云（女，38岁）

38岁的陈晓云的记忆里，偶尔会浮现出这样的情景：也是这样的秋季，周末，父亲领着她和姐姐到郊外去钓鱼。田野里，铺展着属于这个季节的景象，麦浪滚滚，其间有好多正在忙活着的拖拉机，火红色的外形，与绿色的、黄色的农作物相互映衬，一幅很美的图画！

那时她八九岁，家住银川南门附近。她时常会和小伙伴相约着去当时还在中山公园西门对面的科技馆。由南向北走在

1978年的银川拖拉机厂

这附近的街道，她们会经过一个面积挺大的工厂，厂子的大门临街而设，门口有座小桥，桥下是一道由唐徕渠中引出的水流——那些在麦浪里看到的火红的拖拉机，其实就出自这里，是名副其实的“宁夏制造”。

儿时的记忆里，这些高高的有着硕大轱辘的拖拉机，从这道门轰响着开出来，一串接着一串，似乎总是那么繁忙……而与这些车辆一同由此进出的，还有那些穿着整齐工作服的工人们。蓝色的工装很像当时刚时兴的牛仔服。那时，她的姐姐正是找对象的年纪，似乎记得亲朋们也为此合计过，如果找个能在这厂子里上班的年轻人，是件相当不错的事情呢……

奋战40昼夜，宁夏造出第一台拖拉机——“万能勤俭—8号”

受访人：徐怀文（男，86岁）

对很多银川人来说，上面这段回忆中的场景并不陌生。这个厂子名叫银川拖拉机厂，在口耳相传与相关记载中，人们习惯简称它——银拖。

徐怀文，曾经是这座工厂最早的厂长。关于这座工厂，让他印象深刻的一件事发生在1958年7月，当时工厂还是宁夏农业机械化学校实习工厂。这一年，在“大跃进”的全国背景下，实习工厂的职工奋战40个昼夜，试制出一台拖拉机。这不仅是宁夏有史以来制造的第一台拖拉机，放在整个西北都是先例。拖拉机的名字也很富有时代特色——“万能勤俭—8号”。

作为当时实习工厂的厂长，也是此次“壮举”的主持者，徐怀文对那段岁月历历在目。所谓的“奋战40个昼夜”确有其事，在那个火热的年代里，当时刚30岁的他，与一帮劲头十足的年轻人，一起搞出了这个宁夏前所未有的“铁家伙”，全部工序与配件均由自己完成，称得上地道的“宁夏制造”。

此外，“万能勤俭—8号”试制出来后，还代表宁夏被送到包括北京在内的全国各地展览，供其他省份的人参观、学习，可谓轰动一时。

试制“万能勤俭—8号”

听了周总理的顺口溜，宁夏人有了要造“大拖拉机”的想法

受访人：关长春（男，80岁）

须得承认，1958年的“万能勤俭—8号”，是举全厂甚至全宁夏的技术力量突击完成的“示范作品”，在当时的条件下，宁夏还没有真正具备生产拖拉机的条件。更进一步的尝试，发生在12年后。

1970年，关长春36岁，这位当年也参加过“万能勤俭—8号”试制的工厂技术人员，这年又参加了一次轮式拖拉机的研制工作。这段经历说来也有个历史背景，当时，有个有名的天津拖拉机厂（简称天拖）。据说周恩来总理在一次会议中提到当时国内拖拉机的生产情况并不够理想，现场编了个顺口溜：“天拖天拖天天拖，大姑娘拖成老太婆，八年打败了小日本，十年还建不成个天拖。”

也就是在这一情形之下，银拖提出了要造“大拖拉机”的计划，并于1970年得以实现——在克服重重困难后，10台轮式拖拉机新鲜出炉，定名为“六盘山—45型”。值得一提的是，这款拖拉机，除曲轴和变速箱这两个在当时宁夏实在不具备生产条件的部件外，基本上做到了本土制

“万能勤俭—8号”试制成功

银拖—12/15型四轮拖拉机

造。而且，由这次试制也可牵扯出当时宁夏整个拖拉机生产行业的情况。

从事专业生产的厂家自然是银拖。此外，这款机型也是在中卫农牧机械厂试制“六盘山—12型”小四轮拖拉机的基础上，由银川拖拉机配件厂试产柴油机，由银拖生产底盘等，各方联合试制而成。

上面提到的银川拖拉机配件厂，也是宁夏一家重要的工厂。它的前身比银拖还要久远，可以追溯到马鸿逵的十五路军修械所，地址在宁夏城尚勇巷（今银川市湖滨西街一带）。正是银拖及这些相关工厂一同构成了当时宁夏拖拉机生产的整体面貌。可以说，对于宁夏的拖拉机制造，无论开始时间，还是规模与技术，当时在中国西北都是首屈一指的。

吴善璋、宋鸣、郭守中、李化奎……从拖拉机厂走出去的文化人

受访人：徐正海（男，76岁）

徐正海，银拖老职工，高级工程师。在他的印象里，银拖最红火的时光出现在20世纪70年代末到整个80年代。

那段时间，银拖的职工最多时有1300多人，拖拉机产量在1988年达到了10000多台。但即使如此，在当时的农机市场上，

银拖的机器仍是供不应求。许多时候,用户需要排队购买,甚至得托关系、走后门才能买到。这一红火的阶段,也正对应着前文中陈晓云的记忆。打着"宁夏制造"印记的拖拉机,行驶在宁夏各地的田间地头、麦地稻田……同时也销往陕西、甘肃、青海、河北、新疆、内蒙古等十多个省份,成为许多人记忆中的一道亮丽风景。

除了机器制造,以银拖为代表的宁夏拖拉机制造及相关行业里,还出现了一个特别的"文化现象"。以银拖为例,至今许多当年的职工在回忆起工厂的历史时,都会颇感自豪地提到一些"文化名人",比如书画领域就有吴善璋、宋鸣、郭守中、李化奎……他们在自己的艺术道路上各有建树,有的已成为名家,但一个共同的特征是——他们都曾经在银拖工作过。比如,吴善璋先生就曾在银拖工作过十余年的时间,在老职工徐正海的印象里,他那时在厂里常看到这位"年轻人"铺着报纸专心练字,而厂里的各种文化和宣传活动上,更是少不了他越写越好的毛笔字……

由于前身为校办实习工厂,银拖从成立一开始就接收着来自自己中专学校的毕业生,这在起初可都是宁夏为数不多的文化人。其后,随着工厂的发展与兴旺,银拖一度成为宁夏当仁不让的好厂子,是宁夏人找工作的好选择。大概也正是这种种因素,造就了这座拖拉机制造厂浓浓的文化氛围,也"制造"出了由此走出去的诸多文化名人。

21世纪初，银拖画上休止符

昔日银川拖拉机厂厂门

在几位老职工的回忆里，银拖衰落的命运，在20世纪90年代初就已显现。

《宁夏通志·工业卷》给出的答案是——“受市场需求影响”。徐正海的看法则有些不同，他认为，问题的关键在于如何“做大做强”。随着时代的发展，市场化程度的提高，做大做强的企业会越来越有竞争优势，反之则会越来越差。宁夏拖拉机制造在当时，显然没有抓住那时机。

南起解放街，北至兴仁巷，东临凤凰街，西至西桥巷。如今这一带已是各种机构、小区、商铺林立。许多银川人可能还记得，这里曾经就是银拖与其前身实习工厂所属学校的旧址。兴仁巷西端南侧曾是银拖的家属区。随着又一组水泥丛林的拔地而起，这座工厂所有的痕迹宣告彻底消失。而之前在21世纪初，随着这家工厂的停产与消失，宁夏拖拉机制

20世纪80年代的手扶拖拉机

造也出现了一段遗憾的空档期。直至2008年年底,通过招商引资,一家名为宁夏崴骏车辆装备制造有限公司的生产大中型拖拉机等机械的企业落户银川,宁夏的拖拉机制造才得以延续。

【链接】

银拖纪事

1954年,灵武农业机械化学校的学生

1952年,宁夏灵武技工学校成立,校址为新中国成立前马鸿逵军队的旧兵营,在当时的灵武县城内。1954年,更名为灵武农业机械化学校,学校搬迁至灵武农场。这是当时新中国最初设立的除哈尔滨的王岗农机校外,全国第二所农业机械类专业学校。

1956年学校迁至银川西门附近。1958年,成立宁夏农业机械化学校实习工厂，即银拖的前身。

1958年7月，实习工厂职工奋战40个昼夜制造出宁夏第一台本土产拖拉机“万能勤俭—8号”。至20世纪60年代末，工厂已具备制造小型拖拉机的能力。1970年，与银川拖拉机配件厂等厂联合试制出10台“六盘山—45型”轮式拖拉机。

1971年9月，改名为银川手扶拖拉机厂。至1975年，已具备年产2000台手扶拖拉机和9万件拖拉机配件的能力。1983年，开发生产出（银拖—12/15型）小四轮拖拉机。1984年厂名改为银川小型拖拉机厂，1987年又改名为银川拖拉机厂。

进入20世纪90年代，银拖在“八五”期间投资1237万元，进行新项目技改工作。2000年年末有职工785人，有6个生产车间、11条生产线。受市场需求等因素影响，手扶拖拉机停产，生产四轮拖拉机1720台。此后，经过了一个困境中不断下滑的时段，几年后，银拖不复存在。

李振文/文

方寸邮票看宁夏

（一）

清代：从大龙邮票到宁夏的"满城家书"

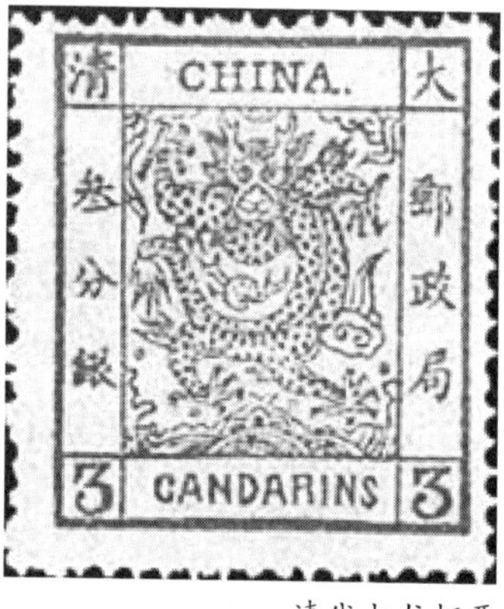

清代大龙邮票

要说宁夏与邮票的渊源，不妨从中国邮票的开端说起。1878年，清朝政府海关试办邮政发行了一套图案为龙的邮票——大龙邮票。这是中国邮票发行之始，大龙邮票也自然成为中国邮票的鼻祖。古代中国，信件往来靠驿站传送，鸦片战争后，现代意义上的邮政理念传入中国，至1896年之后才逐渐普及。

在宁夏集邮爱好者手中，出现过一枚晚清时的明信片，它可以见证一段宁夏与邮票较早的缘分。清代，统治者在宁夏建有八旗驻防军兵营，俗称"满城"，一直存在到1914年方才解散。这期间，居住其中的满族八旗子弟常与远在京城的家人通信。

藏友手中的明信片使用年代为1908年，由宁夏府（今银川）寄往北京，左上角印有清代“壹分”龙图案邮资图，是一位居住在满城的弟弟写给皇宫中姐姐的家书。距此三年后，辛亥革命爆发，革命军围攻满城；六年后，满城军营正式解散。这封寄自宁夏的“满城家书”见证的正是那一段百年前的历史，以及宁夏与邮票较早的渊源。

民国：“西北科学考查团”与宁夏的邂逅

民国时期邮票多以人物头像为图案，有一套却与众不同。

西北科学考查团纪念邮票

1927～1935年，斯文赫定与中国学术团体联合会共同组建“西北科学考查团”，在中国西部诸地进行了大规模科学考察。也是在这一时段，1929年宁夏省成立，行政区域辖“九县二旗”，其中的额济纳旗，正是此次科考队考察和取得重大发现的地区。

同样是这一时期，由于考察中经费不足，中国邮政部门发行了一套四枚的“西北科学考查团纪念”邮票，以邮票发行盈余作为该团的经费补助。此套邮票采用故宫博物院所藏元代名画《平沙卓歇图》作为主图案，也被视为民国第一套绘画邮票。它所见证的，不仅是一次颇为重要的科考行动，同样也是包括斯文赫定在内的那些已被载入历史的著名科考人与宁夏曾有过的珍贵邂逅。

解放区：陕甘宁边区邮票见证中国革命进程

宝塔山图邮票

在中国的邮票史里，有一种邮票叫解放区邮票。1930年5月由赣西南革命根据地发行的邮票，是最早的解放区邮票。此后在抗日战争、解放战争时期均有发行。而如果说起这一阶段邮票与宁夏的关系，陕甘宁边区的“宝塔山图”邮票是必须提到的。

1946年4月，陕甘宁边区邮政管理局发行了解放战争时期的第一套邮票——宝塔山图邮票。该邮票由画家钟灵设计，主图案“宝塔山”是中国革命圣地延安的标志和象征。在那个特殊的年代，边区政府包括陕西北部、甘肃东部和宁夏部分区域，当时在宁夏的盐池、同心等革命老区，这枚宝塔耸立的邮票都曾留下过足迹，它们真实地记录了中国革命的进程，成为生动而珍贵的历史文物。

（二）

1949年中华人民共和国成立后，中国邮票的发展进入了一个新的时期。这中间，宁夏与邮票的缘分也进入了一个更为直接和丰富的时期，以宁夏为题材的各类邮票不断出现。

主题1：红色印记

1996年10月22日，宁夏西吉单家集，人们在参观一所院落，院子里有扇旧门板上还遗留着昔日的弹孔。静静地看着，参观者中一位年轻男子竟然低头落下泪来。男子名叫毛新宇，此行是为参加在附近将台堡举行的“中国工农红军长征六十周年”邮票首发式，单家集是此行的另一处地点。

1935年10月，率领长征红军的毛泽东曾由此经过，在一位村民家中暂住了一夜。据当地人回忆，因敌情紧急，毛泽东第二天拂晓便离去，而前面提到的那块有弹孔的门板，正是他走后，敌军飞机在当地扫射所留下的痕迹……

距此一年之后的10月22日，历经艰辛的红军在将台堡会师，标志着长征的结束。1996年发行的这套邮票，记录的正是那一段烙刻着红色印记的中国革命历史。

中国工农红军长征胜利七十周年邮票

还有：1967年，毛泽东诗词邮票，《清平乐·六盘山》；1993

年，毛泽东诞辰100周年，小型张《清平乐·六盘山》；2006年，“中国工农红军长征七十周年”邮票，含小型张一枚。

主题2：自然地理

须得承认，即使今天，在一些外地人的想象中，宁夏仍会一不留神就被打上“荒凉”的标签，这也是源于对宁夏自然地理了解的缺乏。2001年发行的一套四枚“六盘山”邮票，展示的正是宁夏苍郁的山水景观。4枚邮票分别描绘了“六盘山高峰”、“凉殿峡林海”、“泾河老龙潭”、“西峡野荷谷”四处景点。值得一提的是，在所有宁夏题材的邮票中，这套也创了一个“之最”——作者最多。其设计者与雕刻者共有六位，设计难度与精心程度可见一斑。

盘羊邮票

同样可反映宁夏自然魅力的也少不了一些珍稀的野生动物。如1991年发行的一套四枚“野羊”邮票的第3枚“盘羊”就在贺兰山有分布。而著名的贺兰山红尾鸲，2002年也在邮票中留下了它翩翩飞舞的身影。

还有：2002年，沙漠植物；2008年，中国鸟，小全张边幅贺兰山红尾鸲。

主题3:建设成就

新中国成立后,宁夏取得的建设成就不胜枚举,这些成就体现在宁夏题材邮票中,也是道壮阔的风景,比如一向具有代表意义的青铜峡水利枢纽工程。2002年发行的一套四枚“黄河水利水电工程”特种邮票,其中一枚是它的特写。而如果留意的话,这并不是它的首次亮相。早在1978年“宁夏回族自治区成立20周年”邮票的第3枚中,它就不动声色地座落于画幅的右上角,因该枚邮票的画面信息非常丰富,不细细观察还不一定能发现。

青铜峡水利枢纽工程邮票

同样可归属这一类的还有1994年的“沙漠绿化”邮票。宁夏北部三面被沙漠环绕,境内也有不少沙漠化地带。几十年来,宁夏人种草植树、治沙固沙,取得了很大的成就。这套邮票展示的,正是包括宁夏在内的全国沙漠绿化景色与成果。

还有:2005年,西气东输工程竣工;2008年,宁夏回族自治区成立五十周年。

主题4:人文历史

宁夏题材邮票中,这一类数量最多、选题也最丰富。

柳毅传书邮票

2012年发行的一套四枚"丝绸之路"特种邮票中，出现了固原须弥山石窟、北魏"鎏金银壶"等鲜明的宁夏元素。宁夏作为"丝绸之路"要道的重要历史地位，得到了较为充分的展现。

这类邮票中，必须提到的还有一套"特殊"的邮票，即2004年发行的一套四枚"柳毅传书"。"柳毅传书"是一则与古代信件传递有关的爱情故事，2004年，这套邮票的首发式选在了故事中信件发出地宁夏泾源举行。而之前的1999年，中国举办的第一次世界邮展——"中国1999年世界集邮展览"，其间，曾发行了两枚纪念邮资邮简，其中一封大龙邮票邮简，图案采用的同样是"柳毅传书"。

一段传奇的爱情故事，一封信件的递传佳话。一路走来的中国邮史，仿佛在这一刻与宁夏题材邮票奇妙相逢。

还有：1996年，西夏王陵；1998年，贺兰山岩画；1999年，万里长城；2007年，西夏敕燃马牌。

李振文/文

“康乐”寻踪

2014年11月17日正午，银川街头巷尾一片车水马龙，位于富宁南街和凤凰南街之间的一条不足300米的东西小巷却略显寂寥空落，清洁工无聊地清扫着落叶，流浪狗慵懒地在路边打盹，略有人气的似乎只有路边的几家洗车行和几间小餐馆。小巷名为康乐巷，可能是太不起眼所故，巷子没有专门的指示路牌，想确认巷名，只有通过巷子旁的住宅楼门牌。

出了巷子东行，民族南街上却有个醒目的同样以康乐命名的招牌，暗示人们那里是家大型家具卖场所在地。康乐巷、康乐家居城，相距不近的两处地址，可不是完全无关联，它们共同串起的可是新中国成立后银川木制家具业的发展变迁轨迹。

1958年：上海康乐人变成银川康乐人

初冬的午后，南薰西街，铁北巷和富宁南街之间的一处临街房，门外堆放着废弃的皮革沙发、几把老式木椅、几辆老式自行车；临街房里引出的一节烟囱冒出的股股煤烟令路人掩鼻疾行；沿着烟囱缝流下的煤油一滴滴打在水泥板小路上，留下一

昔日康乐木器厂厂门

处永远也擦拭不净的油痕。

掀帘而入，首先看到的是67岁的马银龙一双警觉的眼睛。临街房附近是原国营银川康乐木器厂家属院所在地。马银龙退休后在此开了家麻将室，顾客全是看着他长大、和他一起变老的上海老乡。马银龙1958年随父亲马祥驹支宁来到银川，那年他才13岁。同来的还有107名原上海康乐木器公司职工及其家属，随身的行李中最值钱的有刨床、锯床、打眼机等当时中国最先进的木器加工设备。

时光飞逝多年，初入银川的凄凉感，马银龙还记忆犹新。108名上海康乐人被安置在现在的上海新村旧址，住的是土坯房，房子有的没门，有的无窗，屋里只有一个土炕。来时正值腊月，没过几日，细皮嫩肉的上海康乐人脸上、手上集体被西北的寒风冻开了“花”。

新成立的国营银川康乐木器厂（以下简称康乐木器厂）厂房旧址在现解放东街鼓楼以北处一片民宅区内，说是木器厂，但厂子无库房，无料场，进来的木料只能堆放在街道上晾晒。马银龙的父亲是名严苛敬业的配料工人，每天只能站在户外配送木料，手脚很快被冻得像个大萝卜。

那个时候，像马银龙这批康乐第一代后代共有19人，后来大多成了康乐厂的二代职工，对于他们来说，沿街的成堆木料是他们儿时戏耍的天堂，可以让他们暂时忘记异乡凛冽的寒风、母亲的抱怨和泪水，以及对家乡依稀的温暖记忆。

1959年：宁夏家具扬名首都

在临街的麻将室里提起康乐厂旧事，任何人都能说上几句，但要说了解最全面的，老人们都公认是83岁的姚信安，他是康乐木器厂第一任工会主席，来银那年27岁。

出了麻将室，西行约20步，便可看到一处名为"富康小区"的老旧小区，这里曾是康乐木器厂最早修建的"高档"家属区，姚信安就住在这里。门一开，屋里飘出的是一曲缠绵柔和的越剧。每天午饭后，姚信安夫妻都喜欢听上几段家乡的越剧解闷。几十年在银生活，姚信安夫妇乡音丝毫未改。夫妻两人，一个上海人，一个宁波人，说起话来，只能让银川人干着急。姚信

当年木器厂内工作的情景

安年事已高，有些耳背，借助照片和文字纪录，他为记者翻开的是一段康乐木器厂的辉煌往事。

1958年，虽说是支宁的上海康乐人，但事实上真正是工人身份的还不到一半，大部分是原上海康乐木器厂的企业管理人员、技术人员、营业员和会计人员。来银建厂后，康乐木器厂将原有的管理人员的70%转换为职工，下车间，成为油漆工、木工、装卸工，这部分人后来都成了康乐木器厂的技术骨干。

康乐木器厂成立不到一年，便让银川的政府部门、学校、部分宾馆的家具更新换代，一改过去银川那种只能手工打制家具，家具款式只有炕桌、冬箱及简单办公桌椅的粗糙、陈旧的生活面貌。

1959年，为庆祝共和国成立10周年，北京新建10大顶级建筑，人民大会堂和民族文化宫就在其中。康乐木器厂便在那年代表宁夏派出10名高级技工，分别为宁夏两个厅制作木制家具、沙发等高级工艺产品，并在当时全国所有省市参与的相关评定会上，荣获全国第三的佳誉。

20世纪60年代：填坑铺路建新厂

名誉加身的康乐木器厂，面对接踵而至的木器订货单，很快感到技术工人的缺乏和厂房面积的局限。

1959年，又有30多名江浙青年支宁相继来到康乐木器厂，时年23岁的王全德便是其中一人，中专学无线电的他被分到了电刨组，每天在刺耳尖锐的电锯声中加工各种办公桌、学校课桌板凳、文件柜用料，即使这样，也还是满足不了百废待兴的社会需求。

1963年，康乐木器厂决定迁址，厂址最初选在富宁街大庙附近（现双宝超市处）。当时大庙还在，门前是一汪大水坑。想要建厂，先填水坑。于是康乐木器厂开始以家庭为单位，每天两人一车土或砖，开始填坑建厂。后来还是由于大庙处地势低，地面返潮严重，不适合存放木料，康乐木器厂不得不将厂址选在了人迹罕至的城外乱坟岗（现富宁南街以西、凤凰南街以东区域）。

从城里搬到城墙外的康乐木器厂，建厂环境比之前还要恶劣，运来的木料无路可走，只能用木板铺出了一条路（富宁南街前身）；当时银川城外还有一条自东向西、水流较深的退水沟沿墙而流，只好木桩做桥。那个时候，凡是不可能的事，心灵手巧的康乐人都习惯首先用木头来解决。

木头的确造就了康乐木器厂的辉煌。20世纪60年代，想要订购一两套康乐木器厂的办公桌椅，有时还需要上面领导特批的条子或是专门的供应单。至于大多数老百姓，想拥有几件康乐木器厂生产的家具，那可是想想都觉得不得了的事情。

20世纪70~80年代：银川人最青睐的康乐家具

20世纪70年代，随着民用需求的增大，民用家具在康乐家具厂进入规模性生产。那时，1963年以第一批学徒工身份进厂的郑敬华已经不像之前那样只是简单地在家具上刷清漆了，而

康乐木器厂生产的家具

是能在家具上画木纹，他的手艺师从当时康乐家具厂赫赫有名的油漆工人张文良和黄品芳。

当年康乐木器厂的油漆车间名噪一时，油漆车间的工人能在家具上画高级木材的木纹，画出的樟木、黑胡桃木的花纹以假乱真，极大地满足了当年银川复苏不久的商业大环境。以假乱真的高档家具，大多进了宁夏宾馆、银川宾馆、老百货大楼等商业机构。从没见过如此家具的银川百姓，内心自然而然滋生出对家具的需求。

百姓的需求促使康乐木器厂专门辟出一个车间(之后的康乐木器厂家具三厂前身)，用来生产民用家具，生产的家具以简单实用为主，无非就是桌椅板凳、方桌立柜等。简单的物件，售价可不便宜，一把椅子8元，一个两斗(抽屉)加门的立柜卖49元，一个带两斗两门的饭桌卖34元，随便购置一两件，便会花销一个人工资的大半。

说起来奇怪，当时所有的民用家具里，唯独饭桌供不应求，以至于后来发展到不得不凭票供应的地步。小小的饭桌，吃饭时聚拢家人，闲时是孩子的写字台；两门里盛放的是一家人的吃饭家伙；两斗落锁还可藏放家里的粮票和供应紧张的奶糖、糕点；桌上的玻璃板下，摆放的是一家人生活里点点滴滴的幸福记忆。

进入20世纪80年代，社会悄然发展，人们的生活审美也在悄无声息中发生变化。康乐木器厂敏锐地感受到了这些变化，很快，康乐牌五斗柜、大立柜、席梦思、床头柜、梳妆柜等组合家具应运而生，款式美观又实用的组合家具开始进入银川百姓的生活。2000多元一套的木纹、打蜡，光可鉴人的组合家具，那可是20世纪80年代待婚青年做梦都想拥有的家当。

20世纪90年代：康乐木器厂"老态"尽显

从姚信安家阳台的窗户向外看，视野范围内是层层叠叠的高档住宅区，那里曾是康乐木器厂电锯轰鸣、车水马龙的厂区。一条安静的小巷自东向西与姚信安的住所平行而过。"原来只是厂区内的一条石子路。"姚信安嘴里的石子路便是前文提及的康乐巷，1980年因康乐木器厂而得名。

如今，老康乐木器厂往昔的痕迹，除了这条巷

康乐木器厂生产的家具

子和那些年过半百的老康乐人，几乎荡然无存。20世纪90年代末，市场经济带来的物流极大地丰富了银川人的家居生活。本土生产的那些简单、实用的家具渐渐不能满足人们对家居生活的审美追求。除了家具款式上追求广东、深圳的新颖、豪华、上档次，人们开始对家具板材和油漆的环保性能有了更多的要求。很快南方的许多大型家具生产厂家开始进驻银川，开设卖场，可供银川人选择的家具品牌、款式也越来越多。在布置家居方面，人们的观念从简单购置实用的家当渐渐向美观、时尚、环保、品位方面悄然转变。

这种背景下，盛极一时的康乐木器厂在新世纪交替之际，逐渐在应付市场上有力不从心之感，终于在1998年结束了它在银川乃至宁夏木器加工业长达40年的龙头老大地位，与原银川亚麻厂和民族家具厂合并，改制为银川市康乐民族家具有限公司。改制后的公司，勉强维持了几年办公桌椅、文件柜的生产后，不得不停产，最后改为专门经销外地家具的大型家具卖场，除了卖场名称延续“康乐”二字外，其余一切，老康乐人都觉得“算不上是康乐木器厂喽”(王全德语)。

乔建萍/文

300年，宁夏小曲人与事

2014年12月，第四批国家级非物质文化遗产代表性项目名录公布，宁夏小曲位列其中(另一入选的宁夏非遗项目为泾源回族民间故事)。作为宁夏本土曲艺中最具代表性的曲种，宁夏小曲有着怎样的渊源与流传？现状如何？其间，又发生过哪些难忘的人和事？本文与您一同走近它，了解宁夏本土文化中这道珍贵的艺术风景。

(一)宁夏小曲的起源与历史

源头：至少在清代，宁夏已有小曲艺人活动

1937年，著名学者白寿彝随国民政府组建的“西北考察团”，对宁夏进行了一次走访考察，并以日记形式做了记录。记录中，有一段他当年7月18日到达平罗县黄渠桥时的见闻。

“沿黄渠东岸前行，远望黄麦青烟……一家乡人于收烟后，相率作弧形，中立一人，唱念有词。同行小贩告诉我，此谓打闹。每收烟时，有闲汉专作此项工作，祝主家收成丰富，主家辄

旧时街头的小曲艺人

以烟土二三钱酬之。”

所谓“收烟”，指宁夏旧时曾广种鸦片烟田。见闻中的“唱念”一景，对应的是旧时宁夏说唱艺人在烟田收获时节“赶烟场”的谋生画面。至于“唱念”的是何曲种？根据情形及地域推断，很大的可能性便是——宁夏小曲。

70多年前白寿彝先生的一段见闻，反映了民国时期包括宁夏小曲在内的本土说唱艺术的一个珍贵片断。但如果追溯，宁夏小曲的源头更久。

宁夏民族艺术研究所研究员张爽著有《宁夏曲艺简史》一书，在她的考证中，因缺少历史文字记载，宁夏小曲形成年代不详，但据老艺人回忆，清朝宁夏境内已有民间小曲艺人活动。

所以如果追溯，宁夏小曲的历史至今至少走过了三百年的历程，可谓久远。

清道光年间，陕西汉中逢灾，有当地脚户逃难至宁夏银川、永宁、中宁等地，带来了一批陕西的民间小曲，丰富了宁夏当地小曲的曲调；其后，又有兰州卖唱艺人伊不郎子带领其表姐、妹妹等多人，在银川街头演唱。

这一时期，宁夏境内出现了外地与本地小曲艺人共存的局面。本地小曲艺人在演唱时，吸收了许多陕甘小曲的元素，使宁夏小曲得到了进一步的发展和丰富。

历史：或盛或衰，一直绵延至今

大约从清光绪年间起，宁夏小曲广为流传，其表演形式也渐渐固定，即：唱小段子时，一个人拿梆子击节站唱，另一人操三弦弹奏；若曲目较长，则二人坐唱，一人弹三弦或拉胡琴伴奏主唱，另一人持简板、梆子等击节帮腔；若一人表演，则自弹自唱。

旧时民间艺人

随着宁夏小曲的流行，宁夏小曲的卖唱艺人也渐渐多了起来。在张爽的研究与考证中，当时的演唱者有宁夏府城

(今银川市)的黄绳匠、永宁的王葫芦子、灵武的郑麻子……

如今看来,这些早已远去的人物显得很陌生,但一个个无比“接地气”的名字,已足以反映这些艺人的乡土与民间性。事实上,这也是宁夏小曲延续至今最显著的一个特点。

这些艺人,逢年过节或婚丧大事时,走街串巷,沿街卖唱,有时还被主人请到家中唱堂会。渐渐地,一些专门演唱宁夏小曲的职业班社也出现了。同时出现的还有专门的表演场所,如银川当时的两湖会馆、火神庙戏台、小庙戏台等。

此番情形,或盛或衰,一直绵延持续至民国时期。20世纪40年代,在宁夏府城(今银川市)还活跃着宁夏小曲艺人张有贵、夏花花等。张有贵大多在农闲时卖唱,新中国成立后,成为了银川民众教育馆的“注册艺人”;至于另一位同样有名的夏花花,是位盲女艺人,常带着女儿一起卖艺。直至20世纪70年代末,还曾在银川街头演出,为不少老银川人记得。

(二)宁夏小曲的传承与演变

2014年11月13日,西安易俗大剧院,首届中国西部优秀曲艺节目展演,一出名为《民生工程为民生》的节目正在上演。演毕,台下掌声连连……节目的形式叫“宁夏坐唱”,西安的观众或许不是很熟悉,但对宁夏人来说,却是一个响亮的本土艺术名词。

流变:从宁夏小曲到宁夏坐唱

张爽的《宁夏曲艺简史》一书记载,中华人民共和国成立后,1954年,甘肃省举行第一届民间艺人会演,张有贵代表当时的银川专区参加演出,这也是宁夏小曲首次被搬上大舞台。

1958年,宁夏文工团郝振民、崔钧等人对宁夏小曲进行整理、创新,创作了《老汉我爱读毛主席的书》,被称为"银川说书"。

历经"文化大革命"的中断,到了20世纪70年代中后期,银川民间艺人闫禄、曲艺演员徐明智等人,又展开新一轮对宁夏小曲的挖掘与整理,一系列以宁夏小曲为基础创作的新节目应运而生。

1981年,全国曲艺优秀节目观摩演出在天津举行,徐明智和张茂起表演的《遇亲人》,分获创作、表演二等奖。也是在这次演出中,这一源自宁夏小曲的曲艺形式被正式定名为"宁夏坐唱"。

时至今日,宁夏坐唱已成为宁夏本土曲艺的代表。作为宁夏小曲于现代舞台的延伸与流变,宁夏坐唱无疑是这一古老曲种的延续与传承。

现状:艺人越来越少,前途不容乐观

与几乎所有可列入非遗的民间艺术一样,迈入现代门槛的宁夏小曲,也受到了前所未有的考验。

徐明智今年60岁(采访时——编者注),被称为"宁夏坐唱第一人”。为了让这一源自宁夏小曲的传统曲种跟得上时代，他尝试过许多创新，包括给宁夏坐唱加入伴舞，甚至吸收诸如rap等流行音乐元素。但是，“仍然很艰难”。

2014年，徐明智去宁南地区做了一次考察，目的是了解那里还有多少人在搞曲艺。结果很不乐观，“除了有两个人在说相声，基本上没了”。

曲艺尚且如此，更别说其中的宁夏小曲。就他自己的见闻，在银川、中宁、青铜峡，还有一些宁夏小曲或宁夏坐唱的艺人，但“已经很少很少”，而且基本上都是老人。至于宁南地区，“已经没了”。

舞台上，徐明智现在的搭档是他的儿子徐晨。这也是他目前唯一可以托付技艺的传承人。

在他看来，没有创新，传统艺术就会没有生命力。但同样，少了传承与发扬它的人，这一本土曲种的命运一样“形势严峻”。

徐明智：努力把宁夏小曲传下去

徐明智生于1954年，10岁时师从宁夏曲艺人宋雁波，学习快板，从此与曲艺结缘。

1975年，是徐明智演艺生涯的一个重要节点。

演出中，他开始琢磨：“全国各个地方都有自己的本土曲种，那宁夏呢？”他跟父亲说起这种“疑惑”，父亲告诉他：“宁夏小曲不就是嘛。”

自此之后，徐明智就开始留意上了这一曲种，与前辈交流，

徐明智与儿子徐晨在表演

进行民间挖掘。

1976年年初，宁夏举办全区文艺调演，徐明智被选入曲艺队，演出了一个以宁夏小曲为基础编排的新节目《红色的种子》，他将之称为“宁夏坐唱”。

发展至今，宁夏坐唱在以徐明智为代表的宁夏曲艺人的努力下，加入了不少时代元素。

然而，如前所述，努力取得了不少成效，但现状与前景并不乐观。这其中，如何推广与传承是一个重要问题。

这方面，徐明智做过不少的努力。“我想过，下一代做宁夏坐唱的，不能像我这样，希望能规范地来做，比如有专门的声乐课、形体课、传统乐器课、演唱课……”但是，目前来看，这些显然未能实现。

儿子徐晨是徐明智目前唯一的宁夏坐唱传承人。

这些年，徐明智年岁也大了，他想过给儿子再找个搭档，但是“很难”。

在徐晨看来，传承当然不能单靠这种父子间的相传。“我希望能在政府、媒体的关注和推广下，有更多的人喜欢它，然后想去了解它，甚至学习它。”“我觉得，这才是一种最可行的‘传承’。”徐晨说。

苏阳：宁夏小曲的另一种延续

拨通苏阳的电话时，他正在北京准备一场巡演专场演唱会，不出什么意外的话，《宁夏川》也是他本次专场的主要曲目之一。

“宁夏川两头子尖/东靠黄河西靠贺兰山……”

在苏阳的一次次演绎中，这首源自宁夏小曲的歌曲，让更多人知道了宁夏，了解着宁夏。

《宁夏川》收录于苏阳首张个人专辑，事实上，在这张真正令苏阳打出全国知名度的专辑里，宁夏小曲的元素远不止此，比如同样被歌迷熟知的《早操晚操》，其曲调也源自一首宁夏小曲的代表曲目——《数花调》。

2003年左右，苏阳的音乐之路开始转向，他不再单纯去模仿西方摇滚，要唱“跟我生活的土地有联系”的歌。

有段时间，他到处打听能唱小曲的艺人，摸索民间音乐的旋律与表达方式。

于是，包括宁夏小曲在内的各种西北民歌，成为他创作的营养，也逐渐树立

苏阳在演出中

了他在流行音乐领域的鲜明个性。

“民歌是一种传统语言，一定程度上讲，是停滞在历史里面的。我做的事情，就是通过更新把它变成现代语言，唱今天的生活，让更多的现代人接受它。”苏阳说。

像其他古老的民间音乐一样，宁夏小曲经历了漫长的演变与发展，走到今天已不可避免出现了“衰退”现象。而它在苏阳等宁夏流行音乐人的创作中的被汲取与借鉴，也是一种生命力的更新与延续。

苏阳透露，明年他计划中的一本新书将出炉，内容就包括这些年来与宁夏小曲、花儿等民间音乐的故事与感想。

此外，“可能还会出国演出，让‘宁夏川’能走得更远一些”，苏阳说。

(三)传奇又悲苦的“流浪艺人”——夏花花

在永宁县胜利乡，我们找到了夏花花的女儿谢凤莲，在她的回忆中，夏花花的身世逐渐清晰起来。

夏花花

夏花花原名杨金花，汉族，永宁县胜利乡东魏村人。生于1918年，卒于1981年，终年63岁。她的父亲是个厨师，原籍宁夏平罗县黄渠桥。民国初年，因家庭缺乏生计，全家迁居永宁。从很小时起，悲苦的命运仿佛就缠上了她。家贫，母亲要下地干活，年幼的她平时由哥哥看带，娃娃领娃娃。两岁左右，她跟哥哥在门边生火堆取暖，正烤着火呢，一个火星子蹦出来，正好蹦到了她眼里，一只眼睛因此失明。

没多长时间，还是因为家贫，一只眼失明的杨金花被父亲送给银川南关一个姓何的看庙人抚养。说是看庙人，其实也就是乞丐，白天出去要饭，晚上回来住在庙里，算是有个落脚的地方。

送给看庙人没多长时间，刚3岁的杨金花出天花，另一只眼睛也失明了。因为她乳名叫“花花”，又双目失明，于是后来人们就都叫她“瞎花花”。20世纪80年代，人们整理她的生平与民歌资料时，为尊重她，改称“夏花花”，意思是宁夏的一枝艺术之花。

一直唱到走不动路

几年后，姓何的看庙人娶了妻。其妻看夏花花只能吃不能挣钱，就非常嫌弃，曾经喂她大烟籽想毒死她。幸好，夏花花挺了过来。9岁时，因忍受不了后娘的虐待，夏花花只身一人从何家逃出，流落于银川街头。

流落街头的日子，夏花花遇到了一位姓蒋的艺人。蒋艺人见她目瞑耳灵，就将她收养，并教她学艺。夏花花聪明伶俐，蒋艺人所授的小曲一教便会。一年后，夏花花便随蒋艺人在银川、贺兰等地卖艺谋生。

这样到了18岁，夏花花嫁给了贺兰县常信堡一位姓张的鞋

版画《送情郎》

匠，生了一男一女。总算有了个家，但偏偏这张鞋匠吸鸦片，又嗜赌，不几年，家底抖了个精光，一儿一女也先后被他卖掉。失去了生活来源，孤苦伶仃的夏花花又开始四处流浪卖唱。

1951年，夏花花卖唱到了永宁，经人介绍，嫁给了同乡人谢天元，生了两个女儿。1960年，谢天元病故，夏花花又无以为家，只好带着两个娃娃四处卖唱。中间也间或回到永宁，就这样一直到1981年在外面卖唱时生了病，腿坏了再也走不动路，才被亲戚送回永宁，病故于杨显村二女儿家中。

捡粮食养活两个孩子

徐明智如今还记得当年见到夏花花的情景。20世纪60年代，夏花花就住在杨显村的马路边，半间小土屋，没有窗子，也没安门，盖的是那种碎布拼成的百家被。冬天，赶上生产队都挖炕，当肥料上到地里，夏花花的

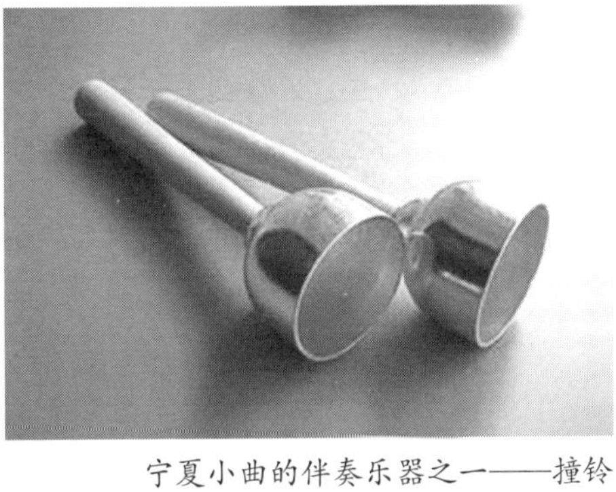
宁夏小曲的伴奏乐器之一——撞铃

宁夏小曲的伴奏乐器之一——渔鼓

炕也被挖掉了,她就把麦草搁地上烧了,睡在草灰里。

1965年搞“四清”,徐明智会说快板,常被工作组叫去搞文艺宣传,夏花花也被叫去了,她张口就来:“四不清的干部是黑心肠,多吃多占扣咱的粮,咱们贫下中农坚决不让……”用的就是现在《宁夏川》的曲调。

那时候,正常人尚且凄荒,她这个失明人带着俩孩子,境况可想而知。为了养活孩子,她在收割过的地里摸着捡豌豆,有时候生产队的车从土路上拉豆子过去,她就赶紧跟在车后面,豆子掉地上有声音,咔一声,她就赶紧寻着在路上摸,摸半天摸到了就装上……

徐明智最后一次见到她,是在银川新城电影院对面的市场口上,她一个人就在那里全神贯注地唱着。那大概是在20世纪70年代末。

“她那时其实也可以不唱的,虽然穷,但回永宁农村也能活着……她就是迷上了小曲。”如今,回忆起母亲晚年的经历,夏花花的二女儿谢凤莲说。

她唱的小曲被改编成《宁夏川》

20世纪80年代,永宁曾整理过夏花花的资料。她一生所唱曲目甚多,民歌、曲艺、戏曲均可上口。她唱的《盼情郎》是一首

宁夏小曲的伴奏乐器之一——梆子

曲调优美的情歌，1958年，自治区文艺工作者采录此歌，并填入新词，就是今天人们熟悉的《宁夏川》。还有一首闻名的《乐呵呵》，实际上也是夏花花演唱的《公公捎媳妇》的原调。

《一上黄渠坡》是夏花花的自编曲目。歌中采取了夸张的手法，讽刺了一个吝啬的地主对长工的苛刻：一上黄渠坡/看见两个大黑锅/下米十八颗/三根面叶煮调和/一人摊了一碗多/稀溜溜地往下喝/饿得长工翻眼窝/还嫌长工吃得多！

这首歌没有调，夏花花借用《十劝郎》的曲牌，以清唱的形式替受苦人说着心里话，曾在民间广为流传。

临了，就以苏阳写过的关于夏花花的随笔中的一个片断作为结束吧！

“车穿过尘土飞扬的土路，我走过了崭新的永宁县，玉环飞燕皆尘土，在崭新的高楼和下面的广场舞，豪气冲漫天……我想，以后，谁也不会再想起，或者就没有什么人知道过，曾有一个要饭的叫‘瞎花花’，带着她的女儿，也带着她无边的黑暗，唱：缝纫机要锁边的，自行车要冒烟的，手表要带日历的……”

李振文/文

碗碗碟碟，盛放岁月

——留在宁夏人记忆里的石嘴山瓷器厂

66岁的马云宁，地道的银川人，过年家中有换碗添筷的习俗。眼看春节临近，老伴买回的那套精美的韩国碗碟却不是马云宁中意的。马云宁喜欢什么碗？“就像以前石嘴山瓷器厂生产的那种蓝边碗，端着不烫，一碗面条，到嘴还烫着呢，手上却不烫，吃得痛快！”

这不奇怪，添碗加筷的老习俗让马云宁想起了石嘴山瓷器

厂所产的那些碗碟。20世纪70年代至90年代,银川人家里的碗碟,绝大部分来自石嘴山瓷器厂。马云宁对于碗碟的记忆,基本上仍停留在那个时代。

只是,时过境迁,石嘴山瓷器厂如今已经破产,那些关于碗碟的记忆如今只能在马云宁的心底默默回放。

(一)记忆里的本土瓷器

市民:结实不烫手

马云宁说的那种端着不烫、吃得痛快的碗,就是石嘴山瓷器厂的一种碗型。以前,石嘴山瓷器厂生产的无论是碗还是碟,都有一个厚厚的圈足,端在手里不用担心烫手,不像现在的碗和碟,为了美观时尚,圈足很浅,有的碟甚至没有圈足,端起滚热的饭菜对马云宁的确是个挑战。

在马云宁的印象里,他家从20世纪70年代到90年代末,都一直在使用石嘴山瓷器厂的碗碟,石嘴山瓷器厂的商标很多,有红的,有菱形的,有篆体的……名称也变来变去。随着这些商标名称的变化,石嘴山瓷器厂的碗碟品种也越来越多,从最初的蓝边碗到后来的贴花碗、贴花碟,瓷质越来越细,碗也没以前那么厚了。

石嘴山瓷器厂的碗有个特点就是结实。马云宁记得家里的孩子小时候淘,吃饭时容易将碗打翻在地,但也只见碗“咕噜噜”在地上滚动,捡起来最多上面裂道豁口,仍能使用。再加上石嘴山瓷器厂的碗碟便宜，即使打碎了，马云宁也不会埋怨孩子，反而会安慰说“碎碎（岁岁）平安”。

碗太结实了，所以随着岁月的推移，马云宁家的石嘴山瓷器厂的碗碟只见增多不见少。只是如今，就连老伴都喜欢韩国碗碟，年年岁岁更迭间，如今马云宁家里石嘴山瓷器厂的碗一个也没留下。提起这事，马云宁心有惋惜。

商家：曾是俏销品

走进刘秀林位于西塔市场的宏发厨具批发店，碗碟占据了店内柜台的半壁江山，产品全部产自外地。1993年，刘秀林从父亲那里接过家里的店铺，把店搬到了东环批发市场，专营碗碟批发。1998年她又将店搬到了西塔市场，至今还和锅碗瓢盆打交道。

刘秀林经销的碗碟琳琅满目，产地多来自景德镇、山西，少数来自湖南。但“以前可不是，我们只有石嘴山陶瓷厂的（碗碟）”。刘秀林说，那时生意好做，几乎全市的门市部都从他们这些碗碟批发商手里拿货，不挑不拣，只要碗没有豁口，提溜上就走，“年前这段时间还会供不应求”。

刘秀林记得那时石嘴山瓷器厂生产的一种蓝边碗卖得最好，“虽然不好看，但碗口大、碗底厚、结实，捧着不烫手”。它们大多进了单位食堂、餐馆、农村。城里人最喜欢石嘴山瓷器厂出的一种粉色小花碗碟，碗面2朵花，碟面3朵花。人们头几年几个几个买，后来每逢年前成套成套买，再后来干脆配上茶壶、调羹成系列地买。虽然那时一个碗最多0.8元，一套碗碟加起来也不过25元，可刘秀林觉得那时可是自己生意最兴旺的一段时期。

进入新世纪，随着景德镇、山西、湖南大批价廉物美碗碟的进入，花样老式、瓷面不透亮的石嘴山瓷器厂碗碟，在老百姓的生活里占据的空间越来越小，直至2005年前后，就连刘秀林都很难见到石嘴山瓷器厂的碗碟了。

刘秀林的记忆没错，正是在那段时间，曾辉煌一时的石嘴山瓷器厂渐渐走向没落。

（二）石嘴山瓷器厂述往

宁夏陶瓷生产历史悠久，从灵武水洞沟、固原、隆德的考古现场，都先后发现过烧制陶器的旧窑址。宁夏陶瓷的生产史可以追溯至距今5000年的新石器时代。只是很长一段时期内，瓷器生产大多和寻常百姓无关，而是富贵人家的专利。

20世纪50年代石嘴山瓷器厂生产的瓷器

在近现代的宁夏，陶瓷制品真正进入百姓家庭的历史始于1943年建立的宁夏光华瓷厂（石嘴山瓷器厂前身)。但那时还是手工作坊式的土窑烧制,瓷器进入百姓生活的容量也非常有限。新中国成立后,在宁夏光华瓷厂的基础上建立起来的石嘴山瓷器厂,才真正让以碗碟为代表的民用瓷器走进了寻常百姓家。

曾是西北最大瓷厂

下高速,经国道惠农段,再绕过黄河大桥,进入石嘴山惠农区第一条街区便是北街,这条街距黄河直线距离不过500米,距西边的贺兰山也不足10公里。

北街上往来的人们对石嘴山瓷器厂都略知一二,哪怕它现已片瓦不留、踪迹全无。不是很费劲,我们很快在北街一处有些年头的民用楼里遇到了当年瓷器厂的窑工郝光奇,他已50多岁,17岁以窑工身份进入石嘴山瓷器厂,直到2005年12月厂子破产,他在厂里的身份都是窑工。

关于厂子的来历,郝光奇说工友间曾传是民国时期马鸿逵的四姨太刘幕侠投资所建,原名为宁夏光华瓷厂。这个传言,记者在《宁夏通志·工业卷》里得到了证实,书中记载,1943年,刘幕侠以股份投资形式投建宁夏光华瓷厂,当时算是西北唯一规模较大的瓷厂,主要生产缸、碗、碟、壶等粗瓷。虽然投建初衷是为了更多地搜刮民脂,但正是光华瓷厂,宁夏才开启了真正意义上的规模化民用瓷器生产的篇章。

或因山河之利选址建厂

当年西北唯一的瓷器厂为何要建在石嘴山？这是个疑问。郝光奇说，这可能和贺兰山的黏土有关，贺兰山石嘴山段的山谷里有种黏土是烧制瓷器的重要原料，该黏土耐高温、土色发白，烧制出来的瓷器胎亮、结实。

对此，现任石嘴山市美术家协会副主席的姚家树也有自己的看法，1959～1981年，他曾在石嘴山瓷器厂从事陶瓷彩绘及陶瓷美术设计工作。他认为，在宁夏陆路交通不便的年代，运输货物主要靠黄河水运，作为易碎品的陶瓷瓦罐更是如此。光华瓷厂旧址设在距黄河不过500米之地，必有它的运输远虑。

选址的缘由，记者也咨询了西夏学学者李范文、宁夏交通史专家鲁人勇。李范文认为，目前学界对贺兰山土质是否适合烧制瓷器虽然没有系统研究，但古来就有就地取材、修窑烧瓷的传统，再加上从历年考古中，贺兰山沿线确实多发现古窑，多出土土瓷等情况来看，贺兰山沿线确为瓷器烧制难得的原料产地。

再说黄河水运。陆路交通不发达的年代，宁夏人的生活物质运输主要靠水运，这种依赖曾有1500年之久，直至1960年前后随着公路建设的发展，水运才逐渐淡出人们的生活。光华瓷厂将厂址选在距贺兰山和黄河都不远的地方，鲁人勇觉得建设者可能也是考虑了原料地和运输这两方面的因素。

本地碗如今为藏品

好光景没有一直笼罩在石嘴山瓷器厂身上，哪怕它是西北唯一的瓷器厂。20世纪80年代初，景德镇、山西的碗碟开始大量涌入宁夏市场，本土瓷器相形见绌，石嘴山瓷器厂急忙应对，不断外派技术人员学习，开始应对市场开设分厂，至1992年时，在原厂基础上发展出了大小6家分厂，生产的物品也不再限于碗碟，有了各类工艺品摆件、台灯、大衣架、酸奶瓶、高压阀、家用瓷砖等。

但随着外地瓷器业的快速发展，加之塑料生活制品对陶瓷业的挤压，石嘴山瓷器厂还是渐渐感到力不从心，终于在2005年宣告破产。如果不是家里还常用石嘴山瓷器厂的碗碟，如果不是身边还有人提起石嘴山瓷器厂的往事，郝光奇说他自己现在也很少主动想起在厂里当窑工的那些岁月了。

20世纪70年代，石嘴山瓷器厂生产的工艺瓷器

如今，石嘴山瓷器厂的碗碟恐怕真是很难寻得，否则在银川文化城怎会出现一家专收石嘴山瓷器厂制品的藏品店——店里收藏了400余件石嘴山陶瓷厂各个时期的产品。店主人吴宝柱说，他收藏这些不图升值，“事实上它们的升值

空间也很有限”，他收藏它们只是为了纪念一段曾在宁夏发生过的瓷器工业史。

餐桌流行蓝边碗

郝光奇介绍，曾在很长一段时间里，石嘴山瓷器厂的碗碟占据着宁夏老百姓的餐桌。“当时石嘴山瓷器厂畅销的产品是蓝边碗。”

20世纪七八十年代，蓝边碗便宜、耐用，尤其在农村极为流行。它属于粗瓷，手感介于陶和瓷之间，但那一圈蓝边却很有说头。姚家树介绍，蓝边碗这圈蓝边属于釉下装饰，在碗胚上画好蓝边再高温烧制，出炉后颜料和碗融为一体，永不褪色。这种蓝色的颜料是一种金属氧化物——氧化钴，最初要从德国进口，后来国内才有生产。

蓝边碗将石嘴山瓷器厂带入到一个红火的年代，郝光奇记得尤其是春节前后，工厂门口停着各种各样的运输工具，架子车、毛驴车、手扶拖拉机、卡车等，还有骑着自行车驮着背篓来买碗的人。那时石嘴山瓷器厂里的碗供不应求，以至于出现了“拿着厂里的批条才能买到碗的地步”。

郝光奇说，自从他当了窑工，家里的碗盘从没买过，几乎都是从厂里拿回的报废残次品。有时，瓷器厂也会向厂外倾倒残次品，他和附近居民捡了回来用。说是残次品，其实就是不圆，或者有裂纹、有黑点，并不影响使用。

乔建萍/文

宁夏电灯公司往事

夜晚来临，华灯初上，城市笼罩在一片灯火中。电灯照明，改变了夜色，也改变了人们的生活。走在灯火阑珊的城市，你可曾追溯过银川城的发电照明史？从何时起，银川的夜晚不再那么黑，人们不再“日落而息”？现在，让我们跟随张立品老人的回忆，一起寻找银川夜色中那抹最初的灯光。

慈禧太后用的发电机到银川

银川的发电照明史，最早可追溯到1936年。当年，全国能用上电灯的城市寥寥无几，之所以宁夏省敢为人先筹建“宁夏电灯公司”，是因为得了一样“宝贝”——慈禧太后在颐和园用的一台发电机。

如此贵重的东西能被宁夏得到，和一个人关系密切，他就是当年的宁夏军阀马鸿逵。慈禧所用的物品能到宁夏，全因马鸿逵和1936年时任北京市市长的门致中之间的交情。1928年门致中任宁夏省第一任主席，与马鸿逵交往颇深。听说有这么一件慈禧淘汰下来的宝贝，马鸿逵想要。于是凭着老友间的情

1936年,宁夏城的一些街道上,第一次亮起了电灯

分,这台发电机来到了宁夏城(那时还没有银川市的称呼,人们称呼银川原老城这片区域为“宁夏省城”或“宁夏城”)。

慈禧的发电机运到宁夏城,安放到哪里呢?得在城里,还不能距离马鸿逵的住处太远,因为当时马鸿逵引进这台机子的最初动机,还是要先让他家用上电灯。于是,发电机被安置在了宁夏城大南门(即南薰门)附近,并在大南门东头道巷的侯公祠内(现银川商都位置)成立“宁夏电灯公司”。

侯公祠里的炮声

侯公祠原是大户人家的院落,90岁的张立品回忆,民国时期,侯公祠已经破烂不堪,但是从院落建制和房屋用料及建筑工艺上讲,在当时的宁夏城,其都是首屈一指。时代交替间,人们都不知道侯公祠遭遇了什么,到了民国时期,它竟成了宁夏城的“寄骨祠”，暂时寄放葬身宁夏省的外乡人的尸首。关于这座院子，民间有各种各样阴森恐怖的传说。

宁夏电灯公司的到来打破了侯公祠留给人们的阴影。电灯公司里的能工巧匠很多，除了发电，他们还能制作各种各样的烟花爆竹、孔明灯。大人孩子们爬满了侯公祠的墙头，紧张地张望着院里发生的他们的大脑难以想象和理解的新鲜事。偶尔，电灯公司的职工为了吓唬院墙上的人们，会朝墙根丢些小型的鞭炮，“啪……”“嗵……”吓得人们跌落墙头，引得墙下、院里的人好一阵大笑。

此后，每年年三十和正月十五，宁夏电灯公司的花炮会在宁夏城的东教场（现永康巷至清和街之间区域）燃放。燃放烟花爆竹时，全城百姓出动，绚丽的烟花瞬间照亮了宁夏城的上空，哪怕那只是片刻的光明，也让宁夏城的百姓一年都念念不忘。

从点灯到电灯

电灯公司的人不专门发电，兼做烟花爆竹，是因为慈禧的那台发电机功率太小所致。白天不发电，夜晚也只能供应不多的大户人家和宁夏城的主要街道照明。

张立品之所以至今还对宁夏电灯史念念不忘，是因为他完完全全经历了宁夏城的夜晚从漆黑一片到电灯星星点点照亮全城的整个过程。张立品的发小乔震的父亲乔森荣，便是宁夏电灯公司第一任经理，所以有关电灯公司的一切消息和趣闻，张立品总能在第一时间知晓。当年银川城的百姓听说要成立电灯公司，他们还以为是“点灯”公司，因为当时家家户户甚至街道都点煤油灯照明，人们对电灯一点概念都没有。“点灯还要成立专门的公司。”人们都想着点灯这活轻松简单，还能赚钱，便纷纷找到乔家门上，求情到“点灯厂”谋个营生。

各种对电灯公司的猜想和误解在1936年的一个冬夜得以破解。当晚，当人们看到宁夏城的新华街、西大街、中山街以及马鸿逵家的院落里亮起灯光时，才第一次对电灯有了直观的感受。电线杆很低，有四五米高，街道每隔100米才竖根电线杆，灯泡的瓦数也很低，照明的区域相当有限。

当时一般百姓人家可用不上电灯，那是少数大户人家的特权。但人们对电灯的好奇和向往从此开始，继而还引发了不少悲剧。张立品家算是较早用上电灯的人家，有次电线被大风扯断，张立品的堂兄上房接电线，结果触电身亡。而生活中，掐灯丝、摸灯泡的事更是常常发生。

这就是银川城最早的电灯照明史，一台小小的发电机送来的光亮虽然微弱昏暗，却让老银川人第一次见识了电力带来的惊喜夜色。

【链接】

宁夏电灯公司简史

1936年10月，宁夏电灯公司成立，为当时宁夏省最早的工业企业。

1936年12月，宁夏电灯公司正式供电，日发电1200度，主要用于马鸿逵公馆、宁夏省军政要员住宅及宁夏城主要街道电灯的照明。

1956年，随着宁夏石嘴山矿务局发电厂的成立，宁夏电灯公司寿终正寝，公司主要发电设备捐赠盐池县政府。如今，慈禧太后颐和园所用的那台发电机陈列于盐池县博物馆。

乔建萍/文

宁夏版画的文化印痕

2016年10月，银川迎来了一场“国际范”的美术交流活动：银川对话——2016中国·美国版画作品联展暨“艺术与城市，版画与生活”国际艺术论坛。

版画，这项在今天许多人眼中已有些冷门的画种，将借此次活动在银川掀起怎样的“波澜”？今天宁夏的版画有着怎样的现状，而它的过往，又有着哪些鲜为人所知的历程与故事？本文将与您一起探究。

成绩不凡的宁夏版画

2016年9月21日，银川文化城，2016中国(银川)国际艺术创作营成果展。偌大的展厅内，不同肤色的中外人士，在诸多展品间游走、细观。这场艺术活动开展期间，来自不同国度的艺术家们创作出了近百幅作品。

展品中，有油画、雕塑，以及各种前卫的造型艺术，引人注意的还有相当数量、多为宁夏本土艺术家创作的版画，堪称一道独特景致。

《三秋鱼肥》(赵宁安)

版画,这种在许多今人印象中俨然已是“小画种”的美术种类,缘何在这“国际范”的艺术展受到如此青睐?

罗贵荣,中国国家画院版画院研究员。在他的介绍中,版画在宁夏称得上是个“特殊”的画种。这一行的从业者不是很多,但每到宁夏参加全国性美展时,却往往是“得奖大户”,为宁夏争得不少荣光。

一份统计数据表明,自20世纪80年代起,在历次全国美展、版画展中,宁夏版画的入选数量很长时间保持在6至10件作品;而若从宁夏版画诞生的20世纪60年代算起,至今已有300多件作品入选国家级展览,在多届国家级、国际美术展中获得奖项40余枚。这对于宁夏这样一个小省区而言,意义不凡。

一次国际性的版画对话

“相较于国内其他的本土艺术种类,版画更具国际化的表达特征，可以在与国外的艺术交流中做到无障碍沟通。”采访中，罗贵荣这样表示。而这也是有着丰富艺术交流经历的他，之所以要发起一次版画“国际艺术论坛”的初衷。

2016年10月8日正式开启的“银川对话——2016中国·美国版画作品联展暨‘艺术与城市，版画与生活’国际艺术论坛”，届时将有20位知名美国版画家和30位国内一流版画家的作品共150件，汇集银川，展开一次跨文化语境下的版画艺术对话。其中，有10位中美版画名家将来到银川参加现场交流和采风活动。

在罗贵荣看来，宁夏版画的渊源，远可追溯至西夏时期的古代版画；近又有从20世纪60年代起由力群开启的当代宁夏版画；而今时的“绝版木刻”，更是以难以模仿的独特性，造就了“宁夏版画”的口碑与品牌。其丰厚的积淀与发展，堪称银川的艺术名片，一份属于宁夏土地的文化印痕。而此次“零距离”的国际艺术交流，不仅有助于宁夏版画打开视野，更是一种积极意义的跨文化对话，将进一步塑造银川“艺术之城”的形象与地位。

历史渊源：贺兰山岩画与西夏木刻版画

银川市金凤区一居民小区单元楼内，著名版画家、宁夏版画艺术委员会主任何立宏的画室坐落于此。宽大的工作台上，垫着几块厚厚的玻璃板，上面依稀可见一些刀痕、磨迹，而侧旁另一间居室内，制作版画的器械占满了屋内空间。这里，就是他平时创作版画之处。

讲起宁夏版画的历史，何先生说："考察宁夏的地域环境，追溯宁夏的古代文明，我们会发现，宁夏和版画有着深厚的渊源。"

何先生所称的"深厚渊源"，指的是"贺兰山岩画"。《中国版画通史》（王伯敏著）一书曾论述了广义上的中国版画："作为版画的历史回顾，或作为版画的原始来考察，我们不能不上溯到原始社会，新时器时代的岩画……尽管在那个时候不是用以印、拓，但是这种尖硬器在平版面刻制的经验，日积月累，流传下代，从事物的发展、文化逐渐进步而言，它在历史上的连续性，怎么也不容我们忽视。"

依此而言，具体到宁夏所处地域。古时贺兰山居民由于劳动和巫术的需求，在石头上刻制出猎取的大型动物形象。以后数千年，生活在这里的先民，一代代的劳动创造，同时在山石上描绘、雕凿了数以万计的岩画。这些通过磨、刻、雕、凿形成的凹凸艺术形象与现今版画在不同版材上刻制的凹凸形式是何等相似。

宁夏是西夏王朝故地，现存世界最早的佛教版画是西夏刊印的，已成为中国美术史上最早、最杰出的版画之一。还有许多重要的古代版画出自于西夏时期，或者

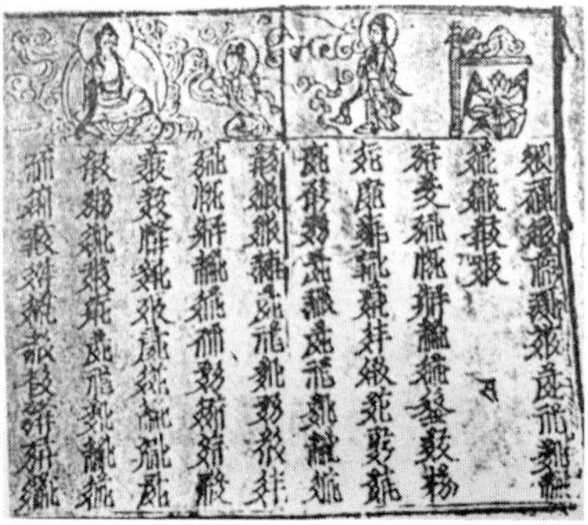

西夏文佛经木刻

与西夏有着密切地联系。如著名的古代版画《四美图》，这幅雕印于金代的版画，就是在西夏黑水城发现的，而后在灵武发现的西夏文佛经，卷首也有精美的版画。从中我们可以看出，西夏时期的木刻版画是非常兴盛的。悠悠千年，西夏木刻版画在中国美术史、中国版画史上留下了灿烂的一页。

“当代的宁夏版画与西夏木刻版画没有必然的联系。但是，要把宁夏版画作为宁夏的一个优势画种，一个美术品牌来扶持、发展，至少可以佐证版画在宁夏不是无本之木，无源之水，版画在宁夏有着深厚的历史积淀。”何立宏说。

当代开端：力群与宁夏的版画机缘

力群（1912~2012年），著名版画家、作家、文艺理论家。曾任人民美术出版社副总编辑，中国美术家协会党组成员、书记处书记，《美术》杂志副主编，《版画》杂志主编等职

值得一提的历史渊源之外，宁夏版画作为一种专门美术种类的启步，是在中华人民共和国成立之后。而且，与中国版画史上的一位大家密不可分——力群。

宁夏当代版画从发生到发展，遇到了不可多得的人文机缘。1958年，宁夏回族自治区成立。外省大量较高素质的各类人员向宁夏迁徙，形成了宁夏特有的移民文化，为宁夏当代版画活动的出现，准备好了人才土壤。

1960年冬，时任中国美术家协会书记处书记、《版画》杂志主编的著名版画家力群先生，下放到宁夏吴忠市，任红旗人民公社党委副书记，同时在宁夏进行版画创作。1961年12月，宁夏文联邀请力群先生为宁夏培养一支版画创作队伍。在力群先生手把手的传授指导下，50多名学员第一次操刀学习木刻，在两个多月的时间里，创作了50多幅版画作品。

对于这段经历，力群先生曾在他的自传《我的艺术生涯》一书里，有着详细的记述。

"当我回京度假期满又回到宁夏后，一次由吴忠市去银川，宁夏文联的领导同志要求我在1961年的冬天于吴忠市的整风整社工作结束后，给他们举办一个为期两个月的业余版画训练班，因为宁夏还没有一个会刻木刻的人……这个业余版画学习班，虽然只有两个月的学习，却创作出不少可观的木刻作品，而且都是从来没有搞过美术创作的人搞出来的，其中除了黑白木刻，还有油印套色和水印套色，真使我高兴。"

这段"意外"的经历，也给力群先生留下了深刻印象，他在接下来的自传中这样写道：

"为了办训练班，我不但在银川过了元旦，而且还过了春节，未曾和家人团聚，我在写给萍杜（力群夫人——记者注）的信上说：'我们的训练班已结束，为此也曾很忙了几天。这几天又在忙于准备展开展览会，比一个女儿出嫁还忙，什么都得亲自动手……训练班已取得意外的成绩，这对我两个月来的辛苦

是极大的安慰。由于训练班工作的紧张，我没有感到冬天的寒冷，好像秋天接着就是春天。'"

动情的记述中，力群与宁夏版画的特殊机缘展现无遗。1963年，宁夏文联为了纪念这次训练班，制作并于次年1月正式出版了一本《宁夏木刻选》。而时隔50多年，当记者在这次专题采访中意外找到这本版画作品集时，泛黄的序言册页上，还可以看到中国新兴木刻运动先驱者之一李桦先生（1907~1994年）同样饱含热情的评价："力群同志把版画的种子播在宁夏，经过辛勤的耕耘使种子发芽，迅速地成长、开花……"

20世纪60~70年代：启蒙之下，活跃的宁夏版画创作队伍

2016年9月23日，对宁夏版画发展历程的探访继续进行中。几经辗转，记者联系到了又一位宁夏版画界的代表性人物——韩惠民。如今已75岁的韩先生是老一辈的宁夏版画人，如今身体有病，行走不便，访谈只能在轮椅上进行。

1961年，力群先生在宁夏开办的那次版画训练班，韩惠民是50多名学员中的一位。他清晰地记得，50多年前他第一次见到力群的情景："当时力群先生已经很有名，我和我的中学美术

老师樊华光，一起去吴忠枣园大队看他，他正在地里劳动，身边带着一个罐罐，里面装着稀饭，人非常的随和、朴实……”

那次两个多月的版画培训，在韩惠民看来，带给宁夏的远不止版画本身。“那时宁夏真正意义上的美术创作，一片空白。力群先生的培训之后，宁夏不仅出现了版画，而且留下的更是一种美术创作的理念与方法，这对宁夏当代美术是一次重要的启蒙。”

正是这种启蒙之下，20世纪60年代，宁夏版画涌现出了大量的优秀作品。现今人们耳熟能详的美术家赵宁安、丁钧、韩惠民、胡正伟等等，当时都从事版画创作，取得了突出的成绩。

到了20世纪70年代，宁夏以银川、石嘴山为中心的版画创作活动开展得非常活跃，两地经常举办各种版画学习班和版画展览。参与其中的有工人、干部、军人和学生。这一时期活跃的版画家有任振江、王洪水、王系松、金珏等等。

20世纪80~90年代：厚积薄发，宁夏版画的异军突起

进入20世纪80年代，宁夏版画又经历了几件值得铭记的事情，在此后产生了深远影响。

1981年，当时从新疆回到银川工作不久的韩惠民，应银川市工会俱乐部的邀请，举办了银川地区版画学习班。这个学习班的举办，让当时宁夏一批有志从事美术创作的青年，学习掌握了版画的创作技法，为宁夏版画队伍培养了新生力量。

而同样是在这一时期，1982年，“北大荒版画”的开创者之

—杜鸿年应宁夏文联的邀请到宁夏举办版画学习班，参加这个学习班的学员大多是从事过版画创作的版画作者，宁夏版画开始关注版画的刻印技法、艺术语言表达；而曾在宁夏工作过的清华大学美术学院教授、著名版画家代大权先生每年回家省亲，在宁夏举办版画学术讲座，也对宁夏版画的发展起到了积极的推动作用。

以此为带动，这一时期，又一批美术青年加入到版画队伍中来，其中有黄智、郭震乾、刘晓华、何立宏、高凯宏、王银冬、陈超、罗贵荣等等。多年间的传承与努力，宁夏版画显然已积蓄起一股厚重之力。

厚积而后的薄发，在20世纪90年代及之后得以展现。1990年，全国首届青年版画大展，宁夏有5件作品入选；同年，第十届全国版画展，宁夏入选9件作品，其中2件获铜奖。由于宁夏版画的异军突起，1991年，“中国当代版画精品邀请展”在宁夏举办；接下来的1992年，“第十一届全国版画作品展”也在银川成功举办，宁夏有26件作品入选，其中，罗贵荣、李宪、代大权的作品获金奖，陈超的作品、张海峰的作品，以及孙晓磊、王心悟合作的作品获铜奖。

21世纪初至今：思变突围的宁夏版画

2016年9月21日，银川文化城，“2016中国（银川）国际艺术创作营成果展”展厅之外。版画家罗贵荣，“忙里偷闲”接受了记者的采访。这段时间，为了准备创作作品，他每晚都工作到

罗贵荣作品《地球的力量》

深夜。

“相当长的时期里，版画在宁夏一直有着优良的传承，保持着一个较大的创作群体。20世纪90年代人们特别鼓励创新，从那时起我就开始探索和思考——怎样做得和别人不一样。”讲起宁夏版画的过往，罗贵荣这样说。

以“第十一届全国版画展览”为标志，罗贵荣以其独特的版画艺术语言，强烈的地域特征和精神内涵，跻身中国优秀版画家之列。此后，包括罗贵荣、李宪、郭震乾、黄智、何立宏等等宁夏版画人，继续从内涵和技法上对宁夏版画进行着努力探索。尤为值得称道的，如近年来的“绝版木刻”，更是以原创的艺术精神造就了“宁夏版画”这一品牌画种。

然而，时至今日，说起宁夏版画的现状，罗贵荣却是充满忧心。艺术市场的利益导向，版画自身制作的独特性……一系列因素导致之下，如今的宁夏版画创作队伍已不复往日繁盛。

“诸如创作人员年龄普遍偏大，后备力量缺乏；没有专设的创作、研究机构，缺少对外交流的平台等等，这些因素很大程度上都会制约宁夏版画的水平提高与发展。”同样对宁夏版画充满关切的何立宏，也表示了担忧。

何立宏作品《贺兰晴雪》(局部)

自20世纪60年代由力群先生开启，宁夏版画至今已走过50多年的历程。颇具机缘的历程，厚积薄发的繁盛，已有些渐行渐远。今天的宁夏版画需要的是思变与突围。而即将举行的“2016中国·美国版画作品联展暨‘艺术与城市，版画与生活’国际艺术论坛”，或许是一个不错的开端。

李振文/文

“银河”往事

在银川，“银河”是一个较为特殊的词汇。它不仅是一所知名工厂的名称——银河仪表厂；同时也代表了一类为人所熟知的地名，如银河巷、银河家园、银河宾馆等等。如果追溯，由这些名称牵带出的，更是一次中国历史上著名的大规模工业迁移事件——“三线”建设，以及它所对应的那段“遥远”年代里的特殊岁月。

走在如今的银川市银河巷，小区或街边，常可以遇到一些说话明显带着胶辽口音的老人，李延清就是其中一位。老人1930年出生，故乡为山东牟平县。而要说起他如何来到银川，还得从一桩50年前的历史事件讲起。

20世纪60年代中期，“三线建设”在中国大地拉开帷幕。其时，李延清在位于辽东半岛的大连仪表厂工作，任车间副主任。1965年，他和同事们接到通知：大连仪表厂将“一分为二”，“抽调最好的设备和最好的人员”，到西北宁夏银川建设一座新厂。

没有，也不可能有过多的考虑。这一年的11月底，李延清带着妻子和三个年幼的子女，由大连出发，向着千里之外的“新家”赶去。西北、宁夏、银川……这些字眼在他之前的印象中几乎“一片空白”，直到轰隆隆的火车驶过了内蒙古包头，车窗外开始出现大片大片、“从未见过”的戈壁和荒漠，他似乎才对将要到达的目的地，有了一些略微确切的感知。

而就在李延清一家人这次旅程的之前与之后，自1965年10月至次年11月，大连仪表厂分期分批，完成了共计307名人员、233台机器的搬迁工作。“备战备荒为人民”、“好人好马上三线”，在那段特殊的年代里，一场漫长而浩大的迁徙之旅，改变着这些参与者的命运，也将为他们踏上的这片“陌生土地”，注入一份前所没有的改变……

定名“银河仪表厂”

20世纪60年代的中国工业仪表制造领域，重要的工厂不过三四家，大连仪表厂的技术与实力，堪称领先。以该厂生产的差压计为例，在当时中国的核技

银河仪表厂昔日照片

术研制工作中，都有着不可或缺的应用。1965年这次“好人好马”的搬迁，无疑会让偏僻的银川成为当时国内工业仪表制造的另一处核心之地。

漫长的旅程，火车在银川止步。李延清至今还记得，当时他和家人到达时已是傍晚，他们一出车站，便被人用汽车接往新建的工厂，工厂位于银川老城（今属兴庆区）内的东北区域。

李延清也是后来才知道，他们新厂所在的这片区域原为银川拖拉机修理站，而再往前，这里是旧时银川有名的“东教场”，是宁夏“土皇帝”马鸿逵操练军队的地方。

到达工厂时，天色已晚，李延清无法看清周遭的模样。但等第二天早上，他打开家属楼的窗户望出去，眼前这座来前已被告知是“省城”的地方，还是让他有点“意外”：城内的建筑基本都是平房，很多地方还裸露着黄土……而他们工厂所处的区域，远谈不上“繁华”，厂子东侧不远处就是树林和农田，周围如今的清和街、湖滨街、永康巷，尚未完全成形，银河巷还只是条名叫“建材巷”的简陋小径。

“大家之前对银川一点也不了解，有人听说这里总刮风，满地都是沙子，所以搬家时还从大连带了黄土，怕到时没法儿和煤饼子；也有是出于其他原因——担心太远赶来水土不服，喝点家乡的泥土能尽快适应……”说起初到银川时的情形，李延清讲起这样一些“趣事”。

自1965年1月起，先期到达的部分大连仪表厂工作人员，已开始在此进行新厂的筹建，然后视工程进度，“边建设，边搬迁”。而在大连厂人员完成搬迁的同时，陆续又有一批大中专毕业生被分配至此，他们与已到的厂方人员挖土方、搬砖、筛砂子、平整场地，一起投入到工厂的建设中来。至1966年年底，一座崭新的仪表厂在银川正式建成，定名“银河仪表厂”。

一道来自异乡的风景

戚务善，1925年出生，现居银川，也是当年那次“迁徙之旅”中的一员。说起建厂之初的情形，老人的记忆清晰依旧。

银河仪表厂落户银川，工业技术层面的意义，自不待言。而被这座崭新工厂一同带来的，还有许多令当地人眼前一亮的“新风景”。

在戚务善的记忆中，随仪表厂一同建起来的，还有数幢崭新的家属住宅楼。住宅楼为砖混结构，虽然只有三层，但在当时的银川已属了不起的“高楼”，常引来路人的参观，甚至有人直接就把这里称为“银川大楼”。

还有，因为来自当时体育运动较发达的大连，银河仪表厂在银川较早地组织起了企业体育活动，如篮球、乒乓球、

银河仪表厂生产的仪表产品

长跑等等，厂里组建了足球队，男女乒乓球队，围棋、桥牌队，其中厂足球队更在之后成为银川市甲级队，在当时颇具名气。

还在1965年年末，尚处建设之初的银河仪表厂，就以原先大连厂的职工为班底，组建了一支乐队。乐队以铜管乐器为主在当时的银川堪称"稀有"。回忆起这段往事，戚务善还记得乐队第一次走上银川街头的情景，那些来自当地人的围观与赞叹，同样让他们这些千里之外的异乡人，欣慰良久。

仪表业的又一处核心

清晨7点的银川玉皇阁广场，已汇集了不少早起的晨练者。在一处保健操练习者的队列中，"领舞者"是位老人，举手投足间，有一种与满头白发不太相称的利落。

老人名叫宋世庆，1933年出生，老家山东烟台，现居银川。他也是当年那次"迁徙之旅"中的一员。技术研究人员出身的他，这样形容他当年所从事的行业的重要性——仪表是"工业的眼睛"。缺失了这一构成，许多机器的操作和使用，无从谈起。

1965年4月，与同事一样接到"搬迁"通知的宋世庆，并没有立即踏上西去的火车，而是与几位同事奉命南下，赴上海参加一项名为"双波纹管差压计"的产品研制。

差压计，测压类仪表，广泛应用于石油、化工、冶金、电力等领域。1968年之前，我国工业领域普遍采用的是"浮子差压计"，这种差压计充有水银，水银蒸发在空气中后，会使制造、使用它的人因长期吸入含水银空气，产生中毒。宋世庆此行的目的，即是研发一种可以替代它的新产品，也为银河仪表厂在正式完成建厂之后，打造一个先进的主导产品。

研发地点，设在第一机械工业部仪表研究所，银河仪表厂为联合研制单位之一。宋世庆至今还记得，上海的研发工作进行数月后，仍无结果。而此时，银河仪表厂的新建工作正火热进行，他觉得不能再这样“耗”下去了，于是提前赶到了银川，边参加工作，边与同事们进行产品研制。

几个月后，研制取得重大突破，获知消息的在上海的科研人员也惊喜地赶往银川，新建的银河仪表厂让西北宁夏，顿时变成了国内仪表业的又一处核心地。

关于此事，《宁夏通志·工业卷》中这样记载：“以银河仪表厂为首，组织有关单位联合设计研制无水银的双波纹管差压计，于1966年研制成功……在国内第一次更新了基地式差压流量仪表。”

银河人，银河情

2015年10月18日，银川某宾馆多功能厅，一场主题为“庆祝银河仪表厂建厂50周年”的联谊会正在举行。座席间，多有须发斑白的老者，皆为当年“三线建设”时期，银河仪表厂的开拓者，还有他们之后的二代、三代“银河人”。

在他们的记忆中，银河仪表厂自1965年创建，走过了数十载难以忘怀的历程。其间，有辉煌，也有失落。

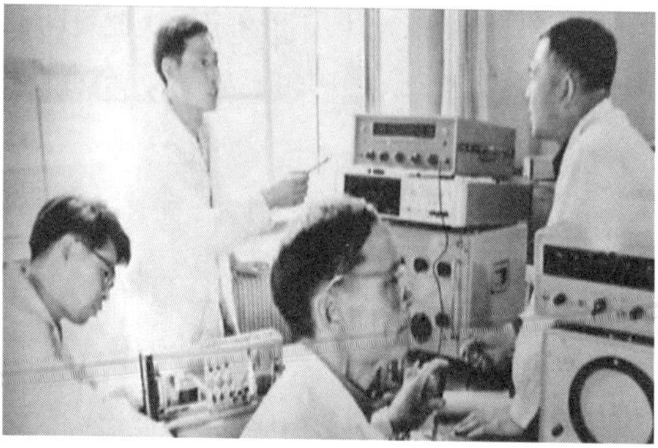
银河仪表厂人昔日工作照

双波纹管差压计之外，银河仪表厂在之后的研制与生产中，取得了诸多成绩。20世纪70年代，银河仪表厂与清华大学合作试制成功激光流速计，获全国科学大会奖，“填补了国内一项空白”。20世纪80年代，他们由国外引进涡街流量计、节流装置的生产制造技术，产品不仅供应国内，而且远销亚、非、欧等十几个国家和地区。

戚其涛，58岁，1975年进入银川仪表厂工作，其父即为前文提到的戚务善。在这位第二代“银河人”的印象里，自20世纪90年代中期起，银河仪表厂已开始进入一个下滑的坡道。也是在这一时期，他办理了下岗手续，1998年至今，都在“自谋生路”，从事个体修理工作。

上述那次“银河人”的联谊会上，组织者们为记者提供了一盘他们自制的光碟，里面收录了各种与银河仪表厂相关的图文、影像，其中一段文字这样写道：“2006年，银河仪表厂转型改制宣告‘解体’，令银河人彷徨、困惑，但银河情结难以割舍。”

也同样是在这辑影像中，有一段这样的朗诵：“天上一条银河，星光闪烁；地上一条银河，群贤聚合。开拓的艰苦，坚守的执着，成功的喜悦，失去的困惑，都随着时光流过……”

时光果然匆匆，自1965年那场“迁徙”之后，已过去了整整50个年头。

【链接】

银河仪表厂纪事

◆1965年

1月，大连仪表厂派出10余名厂方人员组成的首批筹建队伍，赶赴银川，开始银河仪表厂的筹建工作。10月，人员和设备搬迁工作开始。

◆1966年

2月，银河流量仪表厂投入试生产。4月，厂名改定为“银河仪表厂”。

◆1966年

无水银波纹管差压研制成功，并于1968年开始生产，翌年全部淘汰了旧的仿苏式有水银的浮子差压计。

◆1968年

2月，参与筹建宁夏电子仪器厂。8月，成立红星无线电仪器厂(由银河仪表厂职工家属组成)。

◆1970年

工厂下放地方，由宁夏机械局管理。

◆1972年

根据上级下达的任务，承担了军工电台试制并形成生产能力。

◆1975年

完成试制喷灌机任务，后将部分人员和设备转给新建的宁夏喷灌机械厂。

◆1981年

11月，注册“银仪牌”商标，使用商品包括补偿式微压计、双波纹管差压计等产品。

◆1984年

与美国伊斯特公司签订协议，全系列引进涡街流量计、节流装置的生产技术，并于之后正式投入生产和销售。

◆2000年年末

有职工494人，主要生产设备拥有量为89台。

李振文/文

长城机床厂纪事

2017年2月,《银川市近现代建筑保护与利用规划》获批,确定了银川市近现代历史建筑保护名录共计19处,并提出了保护方法和措施。长城机床厂厂房,即是其中之一。

建于1965年"三线"建设时期的长城机床厂,不仅填补了宁夏机床业的空白,更是与其他一些骨干工厂,一同支撑起了银川乃至宁夏最初阶段的现代工业。而当时大量技术人员、工人调入银川,也在今后宁夏工业的发展中影响深远。

填补宁夏机床制造业空白

长城机床厂落户宁夏前,宁夏的机床制造业还完全是一个空白,整个制造行业也相当薄弱。长城机床厂的建成,也拉开了宁夏机床相关行业的建设序幕。一年后,宁夏陆续建立起大河机床厂、长城机床铸造厂、银川长城液压件厂、宁夏标准件厂等。

走进位于西夏区黄河西路332号的宁夏长城机床厂老厂区,一个四方形的大院,错落有致地分布着一些红砖砌成的厂房，由于年久失修，屋檐零落，窗玻璃破碎……此情此景，大概很少有人能想到，在20世纪60年代至90年代，它曾是银川乃至宁夏数一数二的工业企业。

“闭着眼睛也能走到9号厂房。”家住机床厂小区的房成善老人说。作为第一代的长城机床厂人，闲暇时来厂区转转，已是他的一种生活方式。

沿着水泥台阶，走上9号厂房的二楼，轻轻一动木质的门板，还能听到“吱呀”作响的声音。“这些木门没有更换过，已经有50年历史了。”房成善打开一扇扇紧闭的房门，尘封的记忆仿佛瞬间打开。

20世纪60年代中期，出于战备考虑，中国发起了一次由东向西的工业布局大转移，将集中在东北、东部沿海的重工业企业全部或部分搬迁到中西部13个省、自治区。由此，一场规模浩大、艰辛异常的“三线”建设，拉开了帷幕。“三线”建设中的厂矿内迁与援建，在当时极大地加快了宁夏工业化的进程，使宁夏形成了比较齐全的工业体系。

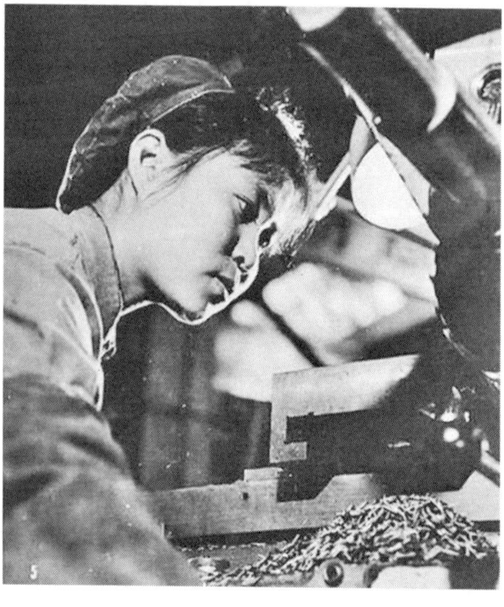

长城机床厂昔日工人工作照

就是在这一时期，

1965年1月，大连机床厂接到了国家第一机械工业部的通知，要选400人去宁夏银川支援建设，建立一个新的机床厂。

“当时别人要问起我去哪里，我们家的人就会说是‘到毛主席最关心的地方去’。”回忆起当时的情景，房成善依然记忆犹新。两个月后，1965年3月15日，还是单身青年的25岁的房成善背着行囊，带着支援西北建设的壮志，坐上了一列绿皮专列，离开家乡大连，远赴银川。这一年，和他一起启程的青年工人还有400人。

而在之后的日子里，这400名青年也的确不辱使命，来银川后只用了不到三个月时间，就建成了宁夏第一座机床厂……

那一年，风华正茂的他们从海边来

1965年2月15日，王宝盛跟随大连机床厂液压车间的200多名工人，坐上了支援三线建设的专列，那也是他第一次乘坐专列。当时，他只知道去西北，至于到哪儿，他也不清楚，也没有多问。等列车靠站了，他才知道，来的地方是银川。那年，他28岁。

如今，80岁的王宝盛在银川已经生活了52年，看着眼前的老厂区，他回忆着过往：“一声‘到三线去’的号召让当时的无数青年热血沸腾。很多人就这样义无反顾地告别了大城市，带着铺盖卷来到当时尚属落后的地区，开启了另一段人生。”

“3月15日，大连机床厂液压车间的第二批工人也来到了银川，加上第一批的工人，总人数达400人。大家的平均年龄在30

长城机床厂昔日厂房

岁左右。”王宝盛清楚地记得，当时的宁夏长城机床厂，就只有两个厂房，周围的盐碱地，一片连着一片，荒无人烟，去城里买东西，还要坐厂车去。

然而，不到三个月之后的“五一”劳动节，他们生产出的机床，就已经被汽车拉到银川的大街上游行，速度之快，让人难以想象。而就在王宝盛来银川的第二年，他就将妻子从大连接到了银川一起生活，家也就彻底安在了银川。

这里，创造过宁夏乃至中国工业的辉煌

“谁也不会想到，我们的工厂里能生产出全国首台数控机床。”今年80岁的宁子文是长城机床厂的第一代高级工程师。1965年，他从设计科随整车间迁到宁夏长城机床厂。

在他的记忆中，这座不起眼的厂房里，曾经创造了许多宁夏乃至中国工业的辉煌。其中，最让他自豪的是，1973年，长城机床厂承接了设计国内第一台数控车床的任务。而就在一年之后，全国第一台“CSK20型数控车床”在银川问世。

宁子文说，当时研制数控机床，遇到的困难是难以想象

的。只有几张仅供参考的示意图，资金上也经常出现短缺。一次，一位技术人员在做实验时不小心弄坏了一个电阻，都自责了很久，还写了份检讨书。当时所有的研究大都在晚上进行，因为白天还要正常生产，而且所有参加研究的人员都没有任何额外的补贴，依然干劲十足。

“在此之前，全国的机械加工都是用手工操作普通机床，加工时要用手摇动刀具切削金属，只能靠眼睛、卡尺等测量产品的精度。而数控机床可以按照技术人员事先编好的程序，自动对任何产品和零部件直接进行加工。”宁子文说。

在宁子文的讲述中，当年长城机床厂建厂后的发展速度惊人。1971年，机床厂为兰州长津电机厂设计制造的电动机转轴车加工自动线，首创了中国生产自动线的历史。此后，分别为一汽、二汽、上海齿轮厂等汽车制造厂、拖拉机制造厂、电动机制造厂、军工企业设计生产各类车加工自动线25条。

“20世纪90年代，西部地区的经济还很落后，银川也不例外，就在这个时候，银川杀出了一匹黑马，那就是长城机床厂。”1993年，程立绩任宁夏银川长城机床厂厂长。在他记忆里，1994年，机床厂实现了销售收入8126万元，利税1272万元，达到建厂以来的最好水平。

“当时全国机床工业面临困境，长城机床厂却能迎难而上，是因为我们有个‘杀手锏’。”程立绩说，长城机床厂当时研制开发的汽车、火车行业急需的机床型号，不仅在第一时间抢占了市场，更是填补了当时行业的空白，我们常见的“绿皮火车”中的车轮、解放汽车所用的曲轴、前轴不少都是由长城机床厂所生产的中间驱动数控车床制造出来的。也因此，长城机床厂当时被国家确定为数控机床重点骨干企业。

变迁中，当年老厂成往事

在长城机床厂向西一公里处，就是机床厂小区，住户大部分都曾是长城机床厂的工人。

70后刘韬在市里的一家事业单位上班，父亲是长城机床厂的第一代工人。在她的记忆中，在那个娱乐生活匮乏的年代，厂里的工会定期在灯光球场举办舞会、组织职工篮球赛等文娱活动。

尤其是每到放映露天电影时，宿舍区可谓千人空巷。工人下班后，在公共澡堂洗去一天的疲惫，换上干净衣服，早早吃过饭，抬着小凳子来到球场占个好位置，小孩们嬉戏玩耍的影子映照在大银幕上。

像当年许多三线建设工厂一样，长城机床厂也像是一个“小社会”。学校、卫生所、粮店、澡堂、灯光球场……职工和家属们的吃喝拉撒、生老病死都可以在这里完成。每月享受特殊的粮食定量，逢年过节还分发带鱼、水果等紧缺食品，这让“小社会”之外的本地人十分羡慕。临近的村子，如果有谁家姑娘或小伙与厂里的职工联姻，会成为十里八村羡慕的对象。

就这样，年复一年，400名长城机床厂工人在这里扎根、繁衍，最多时，工人多达2500人。

昔日长城机床厂厂房

人生关键的时刻只有几步，对于一个企业亦是如此。建于20世纪60年代的长城机床厂，作为计划经济的产物，在市场经济的浪潮中，遇到了发展的瓶颈。

房成善曾任机床厂办公室主任，在他的记忆里，20世纪90年代末，中国大地上市场经济带来的巨变，似乎并没有被机床厂人所察觉。当东部沿海已率先迈开改革步伐，市场经济发展步步深入时，长城机床厂仍在按部就班地执行着各种计划。

“长城机床厂原本属于国家第一机械工业部，在计划经济时代，生产多少有人计划，产出多少有人包销，产销无忧。”房成善说，进入20世纪90年代，在市场经济的大潮中，长城机床厂这条大船，受到了前所未有的挑战和挫折。

2000年，长城机床厂在经历重组后，还是未能顺利地走下去，最终在2005年，被江苏新瑞机械有限公司整体兼并，厂子也更名为宁夏新瑞长城机床有限公司。

今天，这里是处创业基地

今天的机床厂老厂区，已成为银川经济开发区中小企业创业基地。做配件加工的马维成就是其中一员。他是2015年来到这里的，企业有6台数控机床。

记者在马维成的厂房里看到，他生产的是一些机械配件，这些配件主要销售到内蒙古、山西、陕西等地。由于他加工的配件精准，手里的单子也不断。

马维成说，大学时他学的就是数控专业，本打算毕业后去南方创业。但专业老师的一节课，改变了他的这种想法。“老师讲起数控机床的历史，当他说到首台数控机床诞生于宁夏时，我惊呆了！”

马维成回到了银川，在一家机床厂工作4年后，他在这里开始了自己的创业。

50年过去了，昔日的老长城机床厂已成记忆，但它对宁夏工业的影响却深远地延续着。

在老职工刘子业看来，原来的老长城机床厂底子好，汇聚了一批技术科研人才，这些人后来陆续分流到了宁夏的各个机床厂，做起了技术方面的带头人。在他们的带动下，宁夏涌现出了像宁夏新瑞长城机床有限公司、宁夏小巨人机床有限公司等一批叫得响的机床企业。其中小巨人机床被誉为“中国第一座智能网络化机床制造工厂”，开创了我国智能网络化工厂先河。

“虽然老厂子没了，但看到宁夏的机床厂多了，我们的心里也就欣慰多了。”刘子业认为，这次对历史建筑的保护，是对历史文化的保护，更是对当年建设精神的一种传承。看到这些老厂房，就像看到了一段深刻的宁夏工业发展历程。

【链接】

长城机床厂小传

◆1965年

根据国家第一机械工业部决定，从大连机床厂搬迁部分人员和设备到宁夏建厂。

2月3日起，从大连机床厂抽调的一、二批人员，先后到达银川。边搬迁边建厂边生产，当年即装配成功C720K液压仿形半自动车床。

◆1966年

设计生产出CD7112型仿形车床，这是该厂生产出的首个定型产品。

◆1971年

为兰州长津电机厂设计制造的电动机转轴车加工自动线，首创国内生产自动线的历史。

◆1973年

承接了设计国内第一台数控车床的任务。经过一年时间的试制，CS删型数控车床于次年问世。

◆1975年

CS删型数控车床正式通过国家鉴定，投入批量生产，并于1978年获全国科学大会奖。

◆1994年

在全国机床工业面临困境的情况下，全厂实现销售收入8126万元，利税1272万元，利润431万元，创历史最高水平。

◆2003年

重组为宁夏长城数控机床有限公司，并于之后，被江苏新瑞机械有限公司整体兼并，更名为宁夏新瑞长城机床有限公司。

◆2005年

原机床厂老厂区被确定为银川经济开发区中小企业创业基地。

张碧迁/文

本套丛书的编辑得到了社会各界的大力支持，在此，特别感谢所有受访者的支持和配合，感谢杨咏女士、乔建萍女士在前期编辑中的支持。同时，感谢多年来一直支持、关注《银川晚报》的读者朋友！